PRINCÍPIO DA PROPORCIONALIDADE E
GUERRA CONTRA AS DROGAS

4ª Edição
Revista, ampliada e atualizada

OLAVO HAMILTON

Avogado, Professor (UERN), Mestre em Direito (UFRN), Doutor em Direito (UnB).

PRINCÍPIO DA PROPORCIONALIDADE E
GUERRA CONTRA AS DROGAS

4ª Edição
Revista, ampliada e atualizada

OWL
EDITORA JURÍDICA

OWL – EDITORA JURÍDICA

Rua Princesa Isabel, 888, Cidade Alta
Natal-RN
Brasil
CEP 59.025-400.
editora@owl.etc.br • www.owl.etc.br

Hamilton, Olavo. 1976-
    Princípio da proporcionalidade e guerra contra as drogas
Olavo Hamilton – Natal : OWL, 2019.
225p.

    ISBN: 978-1081013363

1. Proporcionalidade. 2. Guerra contra as drogas.

Para Hamilton Freire de Andrade Júnior, meu pai.

ÍNDICE

APRESENTAÇÃO À TERCEIRA EDIÇÃO..**11**
UM LIVRO PARA O SEMPRE 11

PREFÁCIO À PRIMEIRA EDIÇÃO.......................................**15**

INTRODUÇÃO **23**

1   PRINCÍPIO DA PROPORCIONALIDADE **31**
1.1   DA ANTIGUIDADE AOS TRIBUNAIS CONSTITUCIONAIS.................... 32
1.2   PRINCÍPIO   DA   PROPORCIONALIDADE   E   INTERPRETAÇÃO
CONSTITUCIONAL 45
1.3   ELEMENTOS DO PRINCÍPIO DA PROPORCIONALIDADE 52
    1.3.1   Adequação.. 53
    1.3.2   Necessidade.. 56
    1.3.3   Proporcionalidade em sentido estrito 61
    1.3.4   Menor ofensividade social como elemento do princípio da proporcionalidade....... 67

2   GUERRA CONTRA AS DROGAS **77**
2.1   BREVES CONSIDERAÇÕES SOBRE AS DROGAS.............................. 78
    2.1.1   Bebidas alcoólicas... 79
    2.1.2   A cannabis 82
    2.1.3   O tabaco... 86
    2.1.4   O ópio e seus derivados.. 89
    2.1.5   A coca.. 92
    2.1.6   O ácido lisérgico... 96
    2.1.7   Outras drogas ilegais 96
2.2   A GUERRA COMO PRINCÍPIO, MEIO E FIM.................................... 98
    2.2.1   A guerra como princípio.. 99
    2.2.2   A guerra como meio 112
    2.2.3   A guerra como fim 114
    2.2.4   Fundamento jurídico da guerra contra as drogas...................... 122
2.3   RESULTADO DA GUERRA CONTRA AS DROGAS 126

**3   SUBMISSÃO   DA   CRIMINALIZAÇÃO   DAS   DROGAS   AO
PRINCÍPIO DA PROPORCIONALIDADE** **137**
3.1   INIDONEIDADE DO TRATAMENTO CRIMINAL ÀS DROGAS............. 138

3.2   DESNECESSIDADE DO TRATAMENTO CRIMINAL ÀS DROGAS......... 148

3.2.1   O programa de redução de danos na Suíça...155

3.2.2   A prevenção pela diversificação na Grã-Bretanha..159

3.2.3   A redução de riscos na Holanda..160

3.2.4   O caminho da Alemanha...164

3.2.5   A descriminalização do uso em Portugal e suas medidas de redução de danos 167

3.2.6   A experiência do Uruguai...171

3.2.7   Medidas alternativas e sua eficiência em relação à norma que criminaliza as drogas 173

3.3   DESPROPORCIONALIDADE   EM   SENTIDO   ESTRITO   DA CRIMINALIZAÇÃO DAS DROGAS... 179

3.4   CRIMINALIZAÇÃO   DAS   DROGAS   E   O   CRITÉRIO   DA   MENOR OFENSIVIDADE SOCIAL 194

CONCLUSÃO **203**

BIBLIOGRAFIA... **213**

GRÁFICOS

Gráfico 1 - Número estimado de adultos presos, por violação de lei relacionada às drogas, nos Estados Unidos da América entre os anos de 1972 a 2002 128

Gráfico 2 - Usuários problemáticos de opióides em Amsterdã (1985 a 2009), por origem................. 162

Gráfico 3 - Potencial de vício das drogas.. 185

Gráfico 4 - Riscos das substâncias psicotrópicas. 186

Gráfico 5 - Potencial lesivo das drogas em relação à coletividade. 188

Gráfico 6 - Classificação de cada droga em razão de sua nocividade, por critério e resultado geral. . 190

Gráfico 7 - Classificação de cada droga em razão de seu potencial lesivo ao usuário e à sociedade. . 191

Gráfico 8 - Taxa de homicídio (linha contínua) e investimento no combate ao álcool e drogas ilícitas (linha tracejada) nos Estados Unidos da América, entre os anos 1900 e 2000. 198

TABELAS

Tabela 1 - Uso de cocaína entre a população adulta. Comparativo entre Holanda e outros países europeus. 161

Tabela 2 - Comparativo de usuários problemáticos de drogas pesadas entre países europeus. 163

Tabela 3 - Percentual da população adulta de Portugal, Espanha e Itália que fizeram uso de droga nos doze meses anteriores à pesquisa, em 2001 e 2007.. 170

Tabela 4 - Potencial lesivo das drogas. 187

APRESENTAÇÃO À TERCEIRA EDIÇÃO

UM LIVRO PARA O SEMPRE

Mesmo em seu estado larvar, para usar conhecida expressão do gênio Darcy Ribeiro, quando ainda se vestia de dissertação de mestrado, a obra de Olavo Hamilton não fazia concessões à falsa modéstia que, por vezes, serve de pálio para tantas mediocridades que vicejam nas academias. O tema instigante e o bem construído texto tiveram excelente acolhida no meio acadêmico e no mundo jurídico, dentro e fora do Brasil.

Assim, veio a lume com a justa pretensão de lançar generosa réstia em desvãos onde poucos se aventuram: quando fustiga acerbamente a arcaica tese da *guerra contra as drogas*, bem na esteira da formulação original *the war on drugs*, nascida da declaração do ex-presidente Richard Nixon, em junho de 1971, que inadvertidamente lançou o seu próprio país e o mundo num enorme pântano.

Mais de cinco décadas após, a única solução viável é fazer o caminho de volta, da descriminalização paulatina do uso de drogas, mesmo porque todos os esforços do Governo norte-americano e, por conseguinte, de todos os países sob influência do Estados Unidos da América, inclusive o Brasil, com diversas forma de intervenção, a exemplo da *Intercept Operation*, em meados dos anos 90' do século XX, a despeito da posição do ex-presidente Jimmy Carter que, já em 1977, fazia incisivo pronunciamento no Congresso quando afirmou que as "penalidades contra posse de droga deveria ser mais danosa que a droga em si".

Com Reagan exacerbou-se terrivelmente a guerra contra as drogas e, hodiernamente, se alternativas não forem levadas em consideração, as soluções podem não vir jamais. No mundo inteiro, inclusive, em vários estados norte-americanos o uso de certas drogas tem sido descriminalizado, com avanço da ideia de Estado Regulador como instância de plena fruição dos direitos humanos, tendo como azimute o princípio da dignidade humana e como ápice a *regulação responsiva*, que pressupõe o diálogo de todos os atores envolvidos.

A propósito, o livro "Princípio da proporcionalidade e guerra contra as drogas" foi citado em histórica decisão da *Suprema Corte de Justicia de la Nación*, do México, que teve como relator o Ministro Arturo Zaldívar Lelo de Larrea, em que trata o uso da maconha como questão de saúde pública e sua proibição se faz desproporcional e inútil.

Por fim, Olavo Hamilton enfrenta com altivez e senso crítico apurado a discussão sobre o movediço tema do *princípio da proporcionalidade*, enquanto ferramenta valiosa de balizamento interpretativo e de aplicação da lei, sobretudo, tocante aos juízos de *adequação* daquela e que ganha especial relevo como critério hermenêutico no plano constitucional.

A proposta de descriminalização de certas drogas e adoção de uma *regulação responsiva,* não pode ser pensada, hoje, fora dos marcos do *princípio da proporcionalidade*, mormente nos países que adotam o sistema da *Civil Law.* Certamente, esse é um dos méritos mais evidentes do livro de Olavo, que chega mais robustecido pela sua grande aceitação, aqui e alhures, à sua terceira edição. E a ousadia de Olavo Hamilton produziu aquilo que J. Ruskin, crítico de arte inglês (1819-1900), denomina como livro de "sempre" em contraposição ao livro da "hora", aqueles efêmeros: *"All books are divisible into two classes, the books of the hour, and the books of all time"*.

Natal, janeiro de 2017.

Paulo Afonso Linhares
Advogado, Professor, Mestre (UFC) e Doutor em Direito (UFPE).

PREFÁCIO À PRIMEIRA EDIÇÃO

Com bastante satisfação, recebi o convite de Olavo Hamilton para prefaciar a presente obra. Essa assertiva, colocada, via de regra, no início de prefácios, é uma espécie de clichê, mas, nessa hipótese, tinha de constar. Isso não decorre, apenas, da circunstância de a escolha ter recaído na pessoa do orientador da dissertação apresentada pelo autor como requisito para a obtenção do título de Mestre em Direito, no Programa de Pós-graduação da Universidade Federal do Rio Grande do Norte, que agora é ofertada ao leitor na versão de livro.

Desde os primeiros instantes em que o autor sinalizou a intenção de desenvolver a sua pesquisa acadêmica, manifestei-me com voz crítica, promovendo os mais diversos questionamentos, a começar com o argumento de que o tema proposto era sobremaneira polêmico, ademais de abranger problemática multidisciplinar.

Isso porque, advirta-se logo, o autor não se debruça sobre a constitucionalidade, ou não, da criminalização do uso de substância psicoativa, ao argumento de que não há crime se não estiver presente a *ofensividade*, o que implica no arremate de que a *autolesão* não pode ser objeto de incriminação. Não é disso que cuida o livro. A pesquisa científica vai muito além dessa perspectiva.

O autor defende, sem rodeios, a regulamentação estatal da comercialização das drogas, ou seja, em outras palavras, se propõe a demonstrar que a política esboçada, no sentido de tratar essa questão como se fosse uma *guerra*, cujos inimigos são os traficantes, sem embargo de ser proposta normativa que encontra eco na corrente de pensamento do *direito penal do inimigo*, conquanto não se conforte com um sistema democrático constitucional, não se afina com o *princípio da proporcionalidade*, pois tem fracassado no escopo de reduzir a oferta, o consumo e o próprio tráfico, constatação a revelar a sua *ineficiência*, uma vez que há maneira mais adequada para enfrentar o problema.

Exame perfunctório e acrítico sinaliza ser sem sentido defender a descriminalização da produção e do comércio das drogas, quando é do conhecimento de qualquer um que o grande mal social dos últimos tempos se concentra nos múltiplos efeitos negativos do consumo, notadamente pelos jovens, das mais diversas substâncias psicotrópicas. Essa foi a primeira impressão que tive, quando Olavo Hamilton se apresentou e fez a explanação sobre o tema que pretendia, sob a minha orientação, desenvolver na dissertação. Não gostei do tema.

Cético, passei a fazer as minhas considerações. Chamou a minha atenção, inicialmente, a segurança, a argumentação precisa, o domínio do assunto e a vasta referência bibliográfica que Olavo Hamilton possuía, antes mesmo de começar a escrever sobre o tema. A lealdade intelectual, o compromisso acadêmico e com a pesquisa científica do então aluno do mestrado me deixou confortável para expor minha visão crítica.

Aliás, devo confessar que, em rigor, essa minha visão crítica certamente era fruto de um pré-conceito (ou seria preconceito?) gerado por alguns estudos com viés diametralmente oposto. A minha percepção do problema tinha como foco a constatação de que, corredor de passagem da cocaína colombiana para os Estados Unidos e a Europa, o Brasil passou, faz algum tempo, a ser o segundo mercado consumidor em todo o mundo, com um consumo por volta de 250 mil quilos de cocaína por ano (estimado em 2007). Dados da ONU apontam que os valores arrecadados com o tráfico de psicotrópicos giravam, em 2006, entre 600 e 800 bilhões de dólares ao ano. O crime organizado, que tem como base o tráfico ilícito de drogas e, de permeio, o contrabando de armas e a corrupção, movimenta no planeta cifras que representam três vezes o PIB do Brasil, a ponto de transformar-se em um dos maiores empreendimentos financeiros do mundo. Os sistemas bancários e de capitais, em escala global, se encarregam de fazer circular e promover a lavagem desse dinheiro contaminado com substâncias psicoativas, que traz graves consequências sociais e alimenta a violência.

A *war on drugs*, assim, diante dessas verdades, seria a política adequada a ser adotada pelo Estado, a fim de erradicar ou reduzir o consumo de substâncias psicoativas. Acontece que, conforme revela o autor, a despeito dessa *política de guerra* implementada nos últimos cem anos pelos países, o consumo de drogas só fez aumentar.

Uma verdade é inconteste. Se a droga é um mal, a despeito dos instrumentos repressivos utilizados pelos Estados, elas nunca foram tão abundantes, baratas e, pior, acessíveis. O consumo de drogas que era um tanto quanto marginalizado, em razão especialmente da droga sintética, passou a ser um evento social e permissivo. O problema, porém, não reside, apenas, na ineficiência dessa política em reduzir ou controlar o consumo. É mais devastador. Esse modelo de atuação levado a efeito pelos Estados provocou efeitos colaterais drásticos. Conferiu lastro à corrupção nos mais diversos níveis, incrementou a violência, pois as organizações criminosas se armaram, e muito, para enfrentar a *guerra*, sem embargo de ter promovido o aumento desmedido da população carcerária.

Essa política também originou o encarceramento das mulheres, que cresceu, mundialmente, em proporção superior ao dos homens, conduzidas à criminalidade mais por submissão à autoridade do marido ou companheiro. Por volta de 90% por cento da população carcerária feminina mundial é oriunda do tráfico de psicotrópicos. A prisão da mulher, de soslaio, deixou milhares de crianças desassistidas.

Essa política oficial, paradoxalmente, tornou, como dito acima, o tráfico de psicoativos uma das atividades mais lucrativas, o que fomentou o surgimento de organizações sofisticadas com poderio econômico-financeiro a ponto de desafiar o próprio Estado, estabelecendo um poder paralelo, não apenas com a prática de ações subvertendo a ordem pública, mas, até mesmo, por meio de atividades assistencialistas.

Um esclarecimento se mostra pertinente, antes de ir adiante. O autor não faz uma apologia ao consumo de drogas, pelo contrário, salienta que é prejudicial à saúde e, até mesmo, revela que a chaga transcende essa área, na medida em que se manifesta como um problema social, a ser tratado pelo Estado. E é exatamente quanto à forma e aos instrumentos dos quais deve se valer o Estado para enfrentar a questão que reside o *punctun dolens* do livro.

Após um interessante bosquejo histórico sobre o surgimento e a cultura do consumo de drogas na sociedade, o autor contextualiza a política da *guerra contra as drogas* para demonstrar, em seguida, que, malgrado o seu custo financeiro, na casa dos trilhões de dólares, os milhões de encarcerados no mundo e as vidas que tombaram ao longo das batalhas travadas nessa guerra sem fim, não se conseguiu reduzir seja a oferta, seja o consumo, ademais de ter gerado problemas de segurança pública que preocupa a todos. As drogas passaram a servir de pano de fundo para a criminalidade em geral, do pequeno furto ao crime de base organizativa.

Apoiado nessa verdade descortinada mercê de sua investigação científica, o autor resgata a dogmática sobre o princípio da proporcionalidade esmiuçada no início do texto, no desiderato de evidenciar que esse *tratamento* dispensado às drogas, sobre ser *inidôneo*, é *desnecessário*, na medida em que há outros meios eficientes para lidar com essa problemática, trazendo à colação experiências desenvolvidas no Direito Comparado.

De outra banda, com base em estudos científicos e em instigantes gráficos, o autor logra êxito em demonstrar que os males oriundos do consumo das drogas proibidas e aqueles advindos das que são permitidas, a exemplo do tabaco e do álcool, são bastante próximos, de modo que, aliado ao argumento de que existem outras formas mais eficazes que podem facilmente ser assumidos pelo Estado, conclui que não há justificativa para tratamento normativo tão díspare, razão pela qual assevera que a política da *war on drugs* não passa pelo crivo do princípio da proporcionalidade, não sendo razoável, portanto, quando observada pelos seus três critérios clássicos, a saber, a *adequação, necessidade e proporcionalidade em sentido estrito*.

Sem embargo dessa conclusão, o autor avança, ofertando uma contribuição pessoal para o debate sobre o tema, a fim de propor o acréscimo de um quarto critério para analisar a razoabilidade de uma norma jurídica criminal, que, no seu pensar jurídico, há de ser o da *menor ofensividade social*. Ele defende, assim, que, no ambiente criminal, mesmo que a norma atenda à noção de razoabilidade quando observada sob a ótica dos critérios da *necessidade, adequação e da proporcionalidade em sentido estrito*, deve-se analisar se as consequências da proibição ou criminalização da conduta são mais graves, ou não, do que os fatos que se tem em mira coibir. Nesse ponto, o autor, categoricamente, afirma que o tratamento penal conferido às drogas, "além de gerar danos à população de um modo geral, ainda impede que os problemas relacionados à saúde e incolumidade pública sejam enfrentados de maneira adequada".

Como se vê, a abordagem científica por ele desenvolvida é singular, apresentada com redação clara, de fácil compreensão, sem embargo de ser profunda. Pode-se até não concordar com todas as conclusões do autor. Mas não se há de negar que o livro desperta inquietação com as verdades reveladas e demonstra que a política da *war on drugs* é um erro, um erro histórico que, mais cedo ou mais tarde, será reconhecido não apenas por quem se propõe a fazer investigação científica séria sobre o assunto como o autor, mas também pelo homem comum do povo.

Aí cabe indagar: Se a política atual não é a mais adequada, qual o passo a ser dado? A descriminalização do tráfico de psicotrópicos, com a consequente regulamentação desse tipo de *comércio* pelo Estado, assim como se fez quanto ao álcool e o tabaco, é a solução, como defende Olavo Hamilton em seu belo trabalho? Ainda que o livro tenha contribuído decisivamente para que eu tivesse uma visão mais ampla sobre o tema, sinceramente, não sei se a regulamentação da produção e venda de todo e qualquer tipo de droga seja a medida mais eficiente a ser adotada pelo Estado.

Até porque, mesmo que a matéria seja regulamentada em lei e se estabeleça o monopólio estatal para a produção e comercialização das drogas ou apenas de algumas de suas espécies, haverá o mercado negro, que precisará, naturalmente, ser reprimido, ainda que com norma de caráter cível.

Mas o assunto está na ordem do dia, especialmente por causa da iniciativa do Uruguai que aprovou, recentemente, a regulamentação da produção e venda da maconha. Diante da repercussão negativa perante a comunidade internacional *oficial*, inclusive o Brasil, o presidente Uruguaio Mujica Cordano, com sua sabedoria, em entrevista, pediu ao mundo que deixasse o seu país fazer essa *experiência*.

Ademais, os Estados Unidos, país que lidera essa política de repressão, conforme várias matérias veiculadas na grande imprensa nacional e internacional, vêm, paulatinamente, flexibilizando as regras, a ponto de ser permitido, em alguns Estados, a produção e comercialização de determinadas substâncias psicoativas.

Tudo isso revela a atualidade do tema tratado no livro e evidencia como é oportuno o seu lançamento e necessária a sua leitura.

Natal, dezembro de 2013.

Walter Nunes da Silva Júnior
Juiz Federal. Doutor em Direito Constitucional (UFPE). Membro do Conselho Nacional de Justiça (2009-2011). Juiz Corregedor da Penitenciária Federal em Mossoró. Professor adjunto da Universidade Federal do Rio Grande do Norte.

INTRODUÇÃO

Historicamente, o ser humano, em razão dos mais variados motivos, tem apresentado a necessidade de utilizar substâncias psicotrópicas. As drogas recreativas sempre acompanharam o homem, desde o início da civilização.

No entanto, muitas das substâncias psicoativas são consideradas ilícitas pelo direito penal, proscritas quanto à comercialização e, até mesmo, em relação ao consumo.

O tratamento jurídico dado aos psicotrópicos, consubstanciado na criminalização de vários deles, evoluiu, a partir dos Estados Unidos da América, na década de 1970, para o que se convencionou chamar de *guerra às drogas*, passando tais substâncias ao *status* de ameaça à segurança nacional, pelo que se impôs a necessidade de uma postura fundada, sobretudo, na repressão doméstica e exportação de políticas públicas para os demais países.

Assim, a *guerra contra as drogas* se configura em campanha de proibição e intervenção militar internacional, empreendida pelo governo dos Estados Unidos da América, com o auxílio de diversos outros países, tendo como objetivo declarado definir e reduzir o comércio ilegal de drogas. Sua principal frente é a criminalização do uso e do comércio de substâncias psicoativas consideradas ilícitas.

Uma vez que repercute diretamente na esfera de liberdade individual, em nome do interesse coletivo, a proscrição das drogas, sobretudo em matéria penal, deve se submeter ao juízo da proporcionalidade, a aferir sua constitucionalidade, numa ponderação de valores fundamentais. Para tanto, partir-se-á da compreensão do *princípio da proporcionalidade*.

E a correta compreensão do *princípio da proporcionalidade* impõe que se contextualize, historicamente, seu desenvolvimento na cultura jurídica das nações, desde sua primeira noção, passando, após, pela ideia de controle da atividade administrativa estatal, até sua atual dogmatização.

Far-se-á necessário, então, perceber sua imbricação com os direitos fundamentais, na medida em que atua na ponderação dos bens valorados constitucionalmente, mutuamente considerados, bem como entender sua sistematização, orientado que é por subprincípios que lhe dão força e conteúdo.

Em razão da natureza da presente obra, situada no campo do direito penal constitucional, importante também notar as peculiares manifestações do *princípio da proporcionalidade* quando submete a norma incriminadora a seu crivo.

Nesse sentido, investigar-se-á se a clássica divisão do *princípio da proporcionalidade*, a ponderar o conflito entre interesse individual (liberdade) e interesse coletivo (tutela eficaz de seus direitos), é suficiente a conferir constitucionalidade da norma criminal ou se há necessidade de complementar seu conteúdo, com a inclusão de um novo subprincípio, a considerar a subversão, produzida pelo próprio direito penal, entre os diversos interesses coletivos.

Dessa forma, ao primeiro capítulo cumprirá o objetivo de compreender o *princípio da proporcionalidade*, partindo de sua evolução histórica, passando por sua atual posição constitucional, até dissecar seu conteúdo e estrutura, através da percepção de seus elementos – os subprincípios que lhe dão forma.

Compreendido o *princípio da proporcionalidade*, antes de submeter a norma penal que proscreve as substâncias psicoativas a seu crivo, no intuito de aferir sua constitucionalidade, será necessário investigar a relação das drogas com a humanidade, sua posição no processo civilizatório e o que representam hoje para a sociedade.

Para tanto, serão observadas as principais substâncias psicoativas, lícitas ou ilícitas, considerando sua história, relação com a humanidade no processo civilizatório e posição atual quanto ao consumo em massa.

Importante também ter a exata noção do que vem a ser a *guerra contra as drogas*, apresentada que está em três fases distintas: 1) a fase eminentemente moral, em que o combate às drogas é tomado como *princípio*; 2) a fase objetiva, na qual a *guerra às drogas* é tida como *meio* para solucionar os problemas relacionados às substâncias psicotrópicas; e 3) a fase bélica, em que a *guerra às drogas* passa a ser um *fim* em si próprio.

Considerações serão realizadas, ainda, sobre seu fundamento jurídico, sua repercussão no contexto cultural e histórico das nações, além do tratamento que a comunidade internacional lhe dispensa.

Essa análise é necessária porque não se tem como dissociar o combate às drogas do seu fundamento legal: a criminalização das substâncias psicoativas consideradas ilícitas. Dessa forma, o juízo de proporcionalidade a ser exercido sobre a norma penal que proscreve tais substâncias é o mesmo ao qual se submeterá a *guerra contra as drogas*.

No mesmo sentido, ponderar-se-á também acerca do resultado dessa política repressiva: se alcançou seus objetivos; sua repercussão para o indivíduo; e as sequelas sociais dela decorrentes.

A investigação quanto à eficácia da *guerra contra as drogas* implicará em verificar se, em razão da mesma, restaram reduzidos a oferta de psicotrópicos considerados ilícitos, a demanda por psicoativos, os crimes e os danos sociais decorrentes das drogas.

Assim, em síntese, ao segundo capítulo caberá compreender a história das substâncias psicoativas e sua relação com a humanidade, a *guerra contra as drogas* em suas três fases, seus resultados e seu fundamento jurídico.

Uma vez que as drogas representam risco à saúde e incolumidade pública, bens fundamentais que integram a noção de dignidade da pessoa humana, políticas estatais foram elaboradas no sentido de reduzir sua oferta, demanda e danos que lhes são inerentes. Proibir e criminalizar o consumo e comercialização das substâncias consideradas ilícitas é a abordagem utilizada pelo Estado como promessa de cumprir tais objetivos.

Assim, compreendidos o *princípio da proporcionalidade*, em suas dimensões, e a *guerra contra as drogas*, em todos os seus aspectos, ter-se-á por necessário submeter a norma penal que criminaliza as substâncias psicoativas ao teste de constitucionalidade, pelo crivo da razoabilidade.

A criminalização dos psicotrópicos é o cerne da *guerra às drogas*, de forma que a verificação da constitucionalidade da norma penal que a fundamenta redundará na própria aferição da política de combate às substâncias psicoativas.

Para tanto, submeter-se-á referida norma penal, em abstrato, ao juízo dos subprincípios que dão forma e conteúdo ao *princípio da proporcionalidade*, de modo que somente poderá ser considerada proporcional e, consequentemente constitucional, demonstrando-se: *adequada,* por cumprir a finalidade pretendida; *necessária*, não havendo meio menos gravoso à obtenção do fim almejado; *proporcional*, estrito senso, na hipótese da intensidade da sanção imposta ao indivíduo ser equivalente ao dano que se quis prevenir; *socialmente menos ofensiva*, em razão da medida trazer consequências à coletividade menos graves do que os males que se propôs evitar.

A criminalização dos psicotrópicos, base legal da *guerra contra as drogas*, objetiva tutelar a saúde e incolumidade pública a partir de três frentes: 1) reduzir a oferta de substâncias psicoativas consideradas ilícitas; 2) reduzir a demanda por drogas; e 3) mitigar os danos decorrentes das drogas. Portanto, a análise da utilidade, a conferir *adequação*, será sistematizada a partir dessa compartimentação.

Já a investigação acerca da *necessidade* da lei que proíbe e criminaliza a comercialização e consumo de substâncias psicotrópicas, terá como foco a verificação da possibilidade de se tutelar tais bens a partir de outro mecanismo (tão eficiente quanto), administrativo ou legal, que não seja a incriminação (mais onerosa ao indivíduo).

Importante registrar que a busca de meios alternativos à criminalização das drogas não é tarefa fácil. E o problema não reside na prova da eficácia de outros métodos, que não o tratamento penal das substâncias psicotrópicas, mas no viés ético que costuma contaminar as discussões e tomadas de decisão relacionadas às drogas.

Desse viés moral, a dar tônica à criminalização das drogas, resulta na estratégia de concentrar esforços na coação e repressão, em detrimento de ações dirigidas ao verdadeiro enfrentamento das questões relacionadas à saúde e incolumidade pública, afetadas que são pelo abuso das substâncias ilícitas.

Em razão disso, poucas são as experiências cuja linha de frente adotada pelos Estados, por suas políticas públicas, caminhem no sentido oposto (ou mesmo alternativo, paralelo) ao da proscrição e criminalização das drogas.

Entretanto, não obstante a escassez de políticas cujo foco se dê a partir da compreensão do problema da saúde pública decorrente do consumo de drogas, as poucas existentes são dignas de estudo, tais como descriminalização, diversificação, intercâmbio de seringas, tratamentos médicos com foco na prescrição ou substituição de drogas, hábeis que são a mitigar o risco de morte por overdose e exposição às doenças relacionadas com o uso de psicoativos.

São as chamadas *políticas de redução de danos*, em que o método não é o combate às drogas, senão às suas consequências. Para tanto, se levará em conta a implementação de medidas alternativas à criminalização na Alemanha, Suíça, Holanda, Uruguai, Grã-Bretanha e Portugal, bem como os resultados delas decorrentes.

Não é pretensão da presente obra investigar a constitucionalidade da criminalização do uso de substâncias psicoativas quanto ao específico argumento da vedação de punição para autolesão, cuja necessidade é questionada por parte da doutrina jurídica, matéria atualmente submetida à julgamento, no Brasil, pelo Supremo Tribunal Federal, em sede de Recurso Extraordinário número 635.659. A investigação da proporcionalidade ora realizada se dará a partir de critérios gerais, a considerar tanto o uso quanto a comercialização dos psicotrópicos.

No que é pertinente à análise da *proporcionalidade em sentido estrito*, terceiro elemento do *princípio da proporcionalidade*, a investigação se concentrará na ponderação acerca da isonomia das penas relacionadas com as drogas, cotejando o tratamento penal dado às demais substâncias psicoativas a partir do potencial lesivo intrínseco a cada uma delas.

A rigor, pode-se afirmar que a razoabilidade da norma que criminaliza as substâncias psicotrópicas consideradas ilícitas está condicionada a: 1) demonstração da justa proporção entre a gravidade do dano causado à sociedade (saúde e incolumidade pública) e a pena imposta em abstrato; 2) comprovação da proporção a partir da análise dos demais tipos penais e bens jurídicos por si tutelados, inseridos que estão em um mesmo sistema; e 3) ponderação acerca da isonomia, cotejando o tratamento penal dado às demais substâncias psicotrópicas a partir do potencial lesivo intrínseco a cada uma delas.

No entanto, investigar o atendimento às duas primeiras condições demandaria analisar, ainda que em abstrato, a específica norma que incrimina condutas relacionadas às drogas ilícitas, no particular contexto social e no peculiar sistema jurídico a qual está inserida.

Por óbvio, essa investigação não terá pertinência nesta obra, de objeto bem menos específico. Portanto, quanto às duas primeiras condições, ficarão apenas os parâmetros para futuras investigações, de cunho mais restrito.

No que toca à terceira condição, a ponderação da *proporcionalidade em sentido estrito* a partir do princípio da isonomia, a verificar se o tratamento penal dado às drogas guarda identidade com os riscos inerentes às diversas substâncias psicoativas (legais ou proscritas), em razão de seu caráter geral, será objeto de investigação.

Isso porque a *guerra contra as drogas* apresenta-se uniforme na comunidade internacional – as substâncias psicotrópicas consideradas proscritas nos mais diversos Estados são praticamente as mesmas, com poucas variações. Assim, o rol de psicoativos ilícitos na Rússia é praticamente o mesmo daquele vigente no Brasil, Suíça, Mongólia e México, por exemplo.

Da mesma forma, os riscos inerentes a cada uma das substâncias psicotrópicas, lícitas ou ilícitas, são praticamente iguais nas mais diversas sociedades e culturas – o *ecstasy* é igualmente nocivo à incolumidade pública na Espanha e na Itália quanto nos Estados Unidos da América.

Portanto, uma análise geral quanto à *proporcionalidade em sentido estrito* da norma penal que fundamenta a *guerra contra as drogas* será possível com base nesse critério, o da ponderação da isonomia acerca da criminalização em razão dos danos intrínsecos às substâncias psicotrópicas.

Para tanto, examinar-se-á estudos científicos que classificam as drogas de acordo com seu potencial lesivo à coletividade, a fim de verificar se as penas dos crimes relacionados às drogas guardam relação de proporcionalidade com os riscos que lhe são inerentes, bem como se a própria criminalização obedece a esse critério.

Investigar-se-á, também, se do tratamento penal dado às substâncias psicoativas, fundamento jurídico da *guerra contra as drogas*, resulta à coletividade danos maiores que os benefícios da tutela (dirigida à saúde e incolumidade pública) alcançada, pelo que se fará juízo de proporcionalidade a partir da ponderação da ofensa social que a criminalização traz como consectário.

Ao terceiro capítulo caberá, portanto, a submissão da norma penal que fundamenta a *guerra contra as drogas,* a ser tratada no segundo, ao princípio da proporcionalidade, que será objeto de estudo no primeiro, de forma a investigar sua razoabilidade e, consequente, constitucionalidade.

O cerne da investigação científica dar-se-á no âmbito do direito constitucional, sobretudo em sua justaposição penal, sem prejuízo do caráter criminológico, histórico, sociológico, econômico e biomédico dado ao tema, assegurando o conteúdo multidisciplinar da obra.

1 PRINCÍPIO DA PROPORCIONALIDADE

A correta compreensão do *princípio da proporcionalidade* impõe que se contextualize, historicamente, seu desenvolvimento na cultura jurídica das nações, desde sua primeira noção, passando, após, pela ideia de controle da atividade administrativa estatal, até sua atual dogmatização, que lhe garantiu *status* e função constitucional.

Faz-se necessário, ainda, perceber sua imbricação com os direitos fundamentais, na medida em que atua na ponderação dos bens valorados constitucionalmente, mutuamente considerados, bem como entender sua sistematização, orientado que é por subprincípios que lhe dão força e conteúdo.

Em razão da natureza da presente investigação, situada no campo do direito penal constitucional, importante também notar as peculiares manifestações do *princípio da proporcionalidade* quando submete a norma incriminadora a seu crivo.

1.1 DA ANTIGUIDADE AOS TRIBUNAIS CONSTITUCIONAIS

Pode-se constatar que a noção de proporcionalidade, embora que, por óbvio, ainda não erigida ao patamar de princípio jurídico, já permeava a Lei do Talião. O dogma "olho por olho, dente por dente", ao longo do tempo, tornou-se o cerne daquele estatuto e se consubstanciou na busca, tanto quanto possível, em aplicar pena estritamente proporcional ao prejuízo suportado. A reprimenda (a atingir esfera de liberdade individual em nome do interesse geral), somente seria possível se guardasse medida com o dano perpetrado[1].

Assim, a Lei do Talião foi a primeira resposta encontrada para se estabelecer a qualidade da pena a ser imposta, se fazendo presente em todos os ordenamentos jurídicos arcaicos, tais como o Código de Hamurabi, a Bíblia e a Lei das XII Tábuas (Gomes 2003).

Willis Santiago Guerra Filho (2002, 84-85) procura demonstrar que a origem da ideia de proporcionalidade principiou a tomar densidade desde o nascimento do Estado de direito moderno, identificando-a já a partir da Magna Carta, de 1215. É o que se transcreve:

> A ideia subjacente à 'proporcionalidade', Verhältnismäßigkeit, noção dotada atualmente de sentido técnico no direito público e teoria do direito germânicos, ou seja, a de uma limitação do poder estatal em benefício da garantia de integridade física e moral dos que lhe estão sub-rogados, confunde-se em sua origem, como é fácil perceber, com o nascimento do moderno Estado de direito, respaldado

---

[1] Em sentido contrário, Dimoulis e Martins (2011, 175) consideram um equívoco metodológico buscar as origens do *princípio da proporcionalidade* no *Código de Hamurabi* (que reproduzia, nesse aspecto, a Lei de Talião), o que, no seu entender, desvirtuaria o real significado daquela ideia: "não se busca constatar se as pessoas reagem de forma racional e se o legislador estabelece, por exemplo, penas leves para infrações que considera leves e penas graves para infrações que considera graves. Aquilo que se busca é elaborar uma ferramenta jurídica confiável para responder ao problema concreto da limitação do legislador infraconstitucional". Não obstante o rigor técnico presente na argumentação, não se pode negar que a ponderação realizada – da proporção entre os delitos e as penas – revela o cerne de, pelo menos, um dos elementos do *princípio da proporcionalidade* (*proporcionalidade em sentido estrito*), sendo inegável a condição de protoprincípio presente na Lei de Talião.

por uma Constituição, em um documento formalizador do propósito de se manter o equilíbrio entre os diversos poderes que formam o Estado e o respeito mútuo entre este e aqueles indivíduos a ele submetidos, a quem são reconhecidos certos direitos fundamentais inalienáveis. Um marco histórico para o surgimento desse tipo de formação política costuma-se apontar na Magna Charta inglesa, de 1215, na qual aparece com toda clareza manifesta a ideia anteriormente referida, quando estabelece: 'O homem livre não deve ser punido por um delito menor, senão na medida desse delito, e por um grave delito ele deve ser punido de acordo com a gravidade do delito'.

Em sentido idêntico, a Suprema Corte dos Estados Unidos da América reconhece que o *princípio da proporcionalidade* já se fazia presente na *Magna Charta*, sendo aplicada pelos tribunais ingleses ao longo dos séculos, reproduzida no *Bill of Rights* e no texto da Oitava Emenda à constituição americana (US Constitution, amendment 8), de 1791, segundo a qual não serão impostas fianças exageradas, multas excessivas ou penas cruéis e incomuns:

The principle of proportionality is deeply rooted in common law jurisprudence. It was expressed in Magna Carta, applied by the English courts for centuries, and repeated in the English Bill of Rights in language that was adopted in the Eighth Amendment. When the Framers of the Eighth Amendment adopted this language, they adopted the principle of proportionality that was implicit in it. (Solem v. Helm 1983)[2]

Paralelamente, na Europa latina, a proporcionalidade surgiu, ligada à ideia de limitação do poder, no século XVIII. Nessa época, referido postulado já compreendia o campo de atuação do direito administrativo e do direito penal (Pedra 2006).

---

[2] "O princípio da proporcionalidade está profundamente enraizado na jurisprudência do *common law*. Foi expresso na Carta Magna, aplicado pelos tribunais ingleses durante séculos e repetido no *Bill of Rights*, numa linguagem que foi adotada na Oitava Emenda. Quando os autores da Oitava Emenda adotaram esta linguagem, adotaram também o princípio da proporcionalidade, que nela estava implícito" (traduzido do inglês para o português).

Charles-Louis de Secondat, barão de La Brède e de Montesquieu, ou simplesmente Montesquieu, imbuído de ideias iluministas, tratou do *princípio da proporcionalidade* no que toca aos delitos. Embora já tivesse antecipado a preocupação com a legislação criminal em sua obra *Lettres persanes*, de 1721, Montesquieu ofereceu importante contribuição à construção do direito penal em seu trabalho mais conhecido, *De l'esprit des lois*, o primeiro a cuidar, especificamente, da relação de necessária proporcionalidade entre crimes e penas (Gomes 2003).

Montesquieu enfatizou a necessidade de que as penas fossem fixas, do contrário todo pronunciamento judicial se daria conforme à vontade discricionária e ao poder arbitrário do julgador. Além disso, ressaltou que nos Estados moderados não são necessárias penas excessivamente severas; penas leves poderiam mais facilmente influenciar o ânimo das pessoas, e o bom legislador haveria de sopesar mais a prevenção dos delitos do que a sua punição. A qualidade da pena, com os sentimentos de desaprovação moral que a ela se liga, mais do que a gravidade do mal que constitui a própria punição, deveria funcionar como instrumento de prevenção (Gomes 2003). A severidade das penas, portanto, seria mais oportuna aos governos despóticos, onde o terror é tomado como princípio[3][4].

---

[3] "La sévérité des peines convient mieux au gouvernement despotique, dont le principe est la terreur, qu'à la monarchie et à la république, qui ont pour ressort l'honneur et la vertu" (Montesquieu 1748, 1550).

[4] "O que há de ser observado e valorizado, aqui, é o fato de Montesquieu ter posto com clareza o problema penal em suas articulações, relativas aos detentores do poder de punir, ao fundamento do próprio direito, à relação entre crime e pena, ao fundamento das quantificações criminais, à razoabilidade da pena, à incidência das técnicas probatórias no processo criminal, à relação entre repressão penal e o grau de liberdade dos homens. A importância de *De l'espirit des lois* especificamente para o início da formação do princípio da proporcionalidade no direito penal moderno também, como se viu, é significativa, tendo inclusive sido o ponto inicial para ulteriores trabalhos" (Gomes 2003, 47).

Além de Montesquieu, Cesare Bonesana, o marquês de Beccaria[5], com sua obra *Dei delitti e delle pene* (Dos delitos e das penas), é referência histórica para a ideia da proporcionalidade entre infração e sanção penal[6]. Acompanhando as ideias do movimento iluminista, sob a influência de Montesquieu (Silva Júnior 2015), ao *princípio da proporcionalidade*, a obra de Beccaria proporcionou significativa contribuição, posto que iniciou o debate em que se propõe identificar a medida em que determinada ação humana deve ser classificada como criminosa, assim como delinear algumas hipóteses em que as penas tornam-se não idôneas para coibir a prática de futuros delitos (Gomes 2003). Trouxe também critérios para se aferir qual punição deve corresponder a cada delito, embora não pretendesse "que houvesse uma exatidão matemática na estipulação da pena, mas um cálculo das probabilidades, na aritmética política" (Silva Júnior 2015, 63). Com Beccaria,

> A concepção do Estado liberal-democrático, pensado e difundido pelos iluministas, foi transposto para a seara do processo criminal, de modo que este seria menos um instrumento a serviço do Estado do que do cidadão. Na ótica liberal-democrática *beccariana*, o processo penal compreenderia um conjunto de normas protetivas dos direitos do homem contra os excessos que o Estado poderia praticar ou querer praticar em nome da manutenção da ordem. (Silva Júnior 2015, 61)

Não obstante a dimensão do ensinamento de Montesquieu e Beccaria, foi no direito administrativo em que o *princípio da proporcionalidade* primeiro se firmou, ainda no século XVIII, funcionando

---

[5] Walter Nunes da Silva Júnior (2015, 58) destaca a importância de Beccaria à formação do pensamento jurídico-penal hodierno, afirmando: "Beccaria não era um jurista nem muito menos era reconhecido, mas a sua obra é um ensaio jurídico-filosófico que impressiona pelo fato de expressar um pensamento que estava muito à frente de seu tempo. Muitos dos princípios pinçados em sua monumental obra ainda hoje têm plena aplicação".

[6] Para Beccaria (2001, 665), "os meios que a legislação emprega para impedir os crimes devem [...] ser mais fortes à medida que o delito é mais contrário ao bem público e pode tornar-se mais comum. Deve, pois, haver uma proporção entre os delitos e as penas".

como medida de legitimidade do exercício do poder de polícia e da interferência dos entes públicos na vida privada (Pedra 2006).

A ideia de proporcionalidade, enquanto princípio, foi sistematizada na transmudação do Estado de Polícia para o Estado de Direito, com o fito de submeter o poder coercitivo dos Governos, o poder de polícia, a fim de que o seu exercício se mantivesse limitado à justa proporção entre o que foi objetivado pela atuação do poder público e os meios para tanto (Siqueira Castro 1989).

Em síntese, o *princípio da proporcionalidade* surgiu no direito administrativo, enquanto florescia o jusnaturalismo, como juízo de limitação do poder de polícia, dirigido à correição de medidas excessivamente onerosas aos direitos individuais (Barros 2003).

Ou seja, na sua concepção, o *princípio da proporcionalidade* destinava-se à limitação do Poder Executivo, sendo considerado como medida de ponderação para as restrições administrativas da liberdade individual (Pedra 2006).

E é nesse sentido que a teoria do Estado o tem, já no século XVIII, como norma suprapositiva. Na mesma linha é sua introdução, no século XIX, no âmbito do direito administrativo, como princípio geral do direito de polícia, sendo posteriormente elevado à condição de princípio constitucional (Pedra 2006).

Alçado à condição de princípio constitucional, como visto, os norte-americanos identificam a proporcionalidade já na Oitava Emenda à sua constituição, parte que era do *United States Bill of Rights* of *1791*, bem como nas decisões da Suprema Corte a partir de então.

Assim, no início do século XX, o *princípio da proporcionalidade* se fez constantemente presente na pauta daquela corte constitucional. Pode-se tomar por exemplo o caso *Weems v. United States* (1910), julgado pela *Supreme Court of the United States* em maio de 1910, quando uma norma penal incriminadora foi confrontada com a Oitava Emenda, ocasião em que se reconheceu a submissão da discricionariedade legislativa à noção de proporcionalidade no estabelecimento das penas, bem assim na própria escolha das condutas a serem consideradas como crime. A conclusão geral estabeleceu que a punição decorrente de crime deve ser gradativa e proporcional (em múltiplos aspectos) à ofensa praticada. Para tanto, a corte constitucional norte-americana consignou quarto paradigmas:

Primeiro, a corte interpretou a inibição contra punição cruel e incomum como imposição ao Legislativo da obrigação de sopesar a pena de acordo com a natureza do crime, além de lançar ao Judiciário o dever de averiguar se as punições têm sido assim aplicadas no caso concreto. Não sendo, o Judiciário deve impor que assim o seja[7].

Segundo, a *Supreme Court of the United States* estabeleceu que esse dever de distribuição proporcional não só obriga que o Legislativo institua penas em razão da gravidade dos delitos, como também exige que referida ponderação tenha em conta as normas penais e suas reprimendas postas em

---

[7] "First. That the court interprets the inhibition against cruel and unusual punishment as imposing upon Congress the duty of proportioning punishment according to the nature of the crime, and casts upon the judiciary the duty of determining whether punishments have been properly apportioned in a particular statute, and if not, to decline to enforce it. This seems to me to be the case because of the reference made by the court to the harshness of the principal punishment (imprisonment), and its comments as to what it deems to be the severity, if not inhumanity, of the accessories which result from or accompany it, and the declaration in substance that these things offend against the just principle of proportioning punishment to the nature of the crime punished, stated to be a fundamental precept of justice and of American criminal law. That this is the view now upheld, it seems to me, is additionally demonstrated by the fact that the punishment for the crime in question, as imposed by the Philippine law, is compared with other Philippine punishments for crimes deemed to be less heinous, and the conclusion is deduced that this fact, in and of itself, serves to establish that the punishment imposed in this case is an exertion of unrestrained power, condemned by the cruel and unusual punishment clause" (Weems v. United States 1910).

outros estados da federação, de forma a impedir distorções entre os sistemas criminais[8].

Terceiro, o dever de proporcionalidade que se extrai da cláusula que proíbe punição cruel e incomum controla não só o esforço do Poder Legislativo quanto aos modos de aplicação da pena, mas se dirige também aos motivos determinantes da incriminação e respectiva punição, de forma que os tribunais têm o poder de recusar-se a cumprir determinada lei penal, quando entender que o poder legiferante não tenha sido suficientemente impulsionado pelo propósito de recuperar o criminoso. A pena incapaz de fazê-lo deve ser considerada inconstitucional[9].

Quarto, que a vedação de punição cruel e incomum não apenas limita o Poder Legislativo de fixar a pena para decorrente de crime, impondo-o o dever de proporcionalidade, como também permite aos tribunais aferir a discricionariedade legislativa acerca da adequação da pena,

---

[8] "Second. That this duty of apportionment compels not only that the lawmaking power should adequately apportion punishment for the crimes as to which it legislates, but also further exacts that the performance of the duty of apportionment must be discharged by taking into view the standards, whether lenient or severe, existing in other and distinct jurisdictions; and that a failure to do so authorizes the courts to consider such standards in their discretion, and judge of the validity of the law accordingly. I say this because, although the court expressly declares in the opinion, when considering a case decided by the highest court of one of the territories of the United States, that the legislative power to define and punish crime committed in a territory, for the purpose of the Eighth Amendment, is separate and distinct from the legislation of Congress, yet, in testing the validity of the punishment affixed by the law here in question, proceeds to measure it not alone by the Philippine legislation, but by the provisions of several acts of Congress punishing crime, and in substance declares such congressional laws to be a proper standard, and in effect holds that the greater proportionate punishment inflicted by the Philippine law over the more lenient punishments prescribed in the laws of Congress establishes that the Philippine law is repugnant to the Eighth Amendment" (Weems v. United States 1910).

[9] "Third. That the cruel and unusual punishment clause of the Eighth Amendment controls not only the exertion of legislative power as to modes of punishment, proportionate or otherwise, but addresses itself also to the mainspring of the legislative motives in enacting legislation punishing crime in a particular case, and therefore confers upon courts the power to refuse to enforce a particular law defining and punishing crime, if, in their opinion, such law does not manifest that the lawmaking power, in fixing the punishment, was sufficiently impelled by a purpose to effect a reformation of the criminal. This is said because of the statements contained in the opinion of the court as to the legislative duty to shape legislation not only with a view to punish, but to reform the criminal, and the inferences which I deduce that it is conceived that the failure to do so is a violation of constitutional duty" (Weems v. United States 1910).

dotando-os assim, do poder de recusar-se a aplicar leis penais sempre que considerar ser a reprimenda por demais severa[10].

Embora a noção de proporcionalidade tratada em referida decisão esteja limitada a um dos três clássicos aspectos do princípio homônimo, o elemento *proporcionalidade em sentido estrito*, não se pode negar sua identidade com a ideia de razoabilidade, presente na cultura constitucional dos Estados Unidos da América.

Talvez por isso, importante observar, que a tradição doutrinária e jurisprudencial brasileira, com acerto, não procura distinguir a noção de proporcionalidade, própria do direito alemão, do juízo de razoabilidade, típico do pensamento jurídico norte-americano.

É que, sem embargo da origem e do desenvolvimento diversos, proporcionalidade e razoabilidade "abrigam os mesmos valores subjacentes: racionalidade, justiça, medida adequada, senso comum, rejeição aos atos arbitrários ou caprichosos, razão pela qual são conceitos próximos o suficiente para serem intercambiáveis" (Barroso 2009, 304). Não se faz necessário, portanto, distingui-los, sendo preferível tratá-los como manifestações adjacentes de um mesmo fenômeno.

No entanto, embora não se possa negar sua presença no direito norte-americano já a partir do advento da Oitava Emenda, com a sistematização e dimensão nas quais hoje se apresenta, o *princípio da proporcionalidade* foi idealizado pela escola constitucional germânica.

Nesse sentido, Walter Nunes da Silva Júnior (2015, 363) esclarece que "o *princípio da proporcionalidade* foi construído na doutrina e jurisprudência alemãs, possuindo ampla aceitação no Direito europeu

---

[10] Fourth. That the cruel and unusual punishment clause does not merely limit the legislative power to fix the punishment for crime by excepting out of that authority the right to impose bodily punishments of a cruel kind, in the strict acceptation of those terms, but limits the legislative discretion in determining to what degree of severity an appropriate and usual mode of punishment may, in a particular case, be inflicted, and therefore endows the courts with the right to supervise the exercise of legislative discretion as to the adequacy of punishment, even although resort is had only to authorized kinds of punishment, thereby endowing the courts with the power to refuse to enforce laws punishing crime, if, in the judicial judgment, the legislative branch of the government has prescribed a too severe punishment. (Weems v. United States 1910)

continental". Na Constituição alemã, é considerado um princípio constitucional não escrito, derivado do Estado Democrático de Direito (Ramos Tavares 2005).

Assim, o juízo da proporcionalidade encontra-se consolidado no raciocínio jurídico-constitucional hodierno, desenvolvido originalmente, nos seus moldes jurídico-dogmáticos, pela jurisprudência do Tribunal Constitucional Federal alemão já a partir da década de 1950, sendo prontamente recepcionado pela doutrina daquele país e, nas últimas décadas, exportado para vários outros Estados (Dimoulis e Martins 2011). Na mesma linha de raciocínio:

> A regra da proporcionalidade no controle de leis restritivas de direitos fundamentais surgiu por desenvolvimento jurisprudencial do Tribunal Constitucional alemão e não é só uma simples pauta que, vagamente, sugere que os atos estatais devem ser razoáveis, nem uma simples análise da relação meio-fim. (Silva 2002, 30)

Não tardou que essa nova leitura do *princípio da proporcionalidade* influenciasse a doutrina dos demais Estados, sendo incorporada pela jurisprudência constitucional de inúmeros países e pelo Tribunal Europeu dos Direitos Humanos (Steinmetz 2001).

A ampla incorporação e a aplicação generalizada do *princípio da proporcionalidade*, na Alemanha e, a partir de lá, nos mais diversos países, pode ser entendida como resultado de um ambiente preparado pelas discussões jus-filosóficas ocorridas após a Segunda Guerra. Os horrores do regime nazista, praticados sob o manto da lei, pôs em evidência a dimensão valorativa do direito, bem como a necessidade de se buscar em outras fontes, que não apenas a legislativa, os critérios de sua correta aplicação (Guerra Filho 2002).

Paulo Bonavides (2004, 408) confirma essa ideia, asseverando ter sido "depois da Segunda Grande Guerra Mundial, após o advento da Lei Fundamental, sobretudo com a jurisprudência do Tribunal Constitucional, que o princípio da proporcionalidade logrou, tanto na Alemanha como na Suíça, uma larga aplicação de caráter constitucional, em mais de 150 arestos".

Pode-se dizer, portanto, que da transposição de controle de discricionariedade dos atos administrativos do Poder Executivo para o controle de discricionariedade da lei, submetida que é à Constituição, forjou-se a compreensão atual do *princípio da proporcionalidade*. A lei seria a medida de execução da Constituição e, portanto, se submeteria ao controle de proporcionalidade.

Esse raciocínio de execução considera que, em termos gerais, a posição da lei relativamente à Constituição não é diferente da relação hierárquico-normativa entre lei e o ato administrativo, executor da mesma. Dessa forma, tal qual a discricionariedade administrativa é a execução de uma norma legal, a discricionariedade legislativa também estaria circunscrita a um problema de execução, pelo legislador, dos preceitos mais ou menos detalhados na Carta Magna (Canotilho 1994).

Dessa forma, o conceito de discricionariedade no âmbito da legislação implicaria, a um só tempo, no juízo de liberdade e de limitação, reconhecendo-se ao legislador o poder de conformação dentro de limites estabelecidos pela Constituição (Mendes 2001).

É nessa linha de pensamento que o *princípio da proporcionalidade* tem, atualmente, seu principal campo de atuação no âmbito dos direitos fundamentais[11], enquanto critério valorativo constitucional determinante das máximas restrições que podem ser impostas na esfera individual dos cidadãos pelo Estado, e para a consecução de seus fins (Gomes 2003).

O vínculo do legislador aos direitos fundamentais, consubstanciado no dever de observá-los e respeitá-los ao estatuir regras gerais e abstratas,

---

[11] Não se fará necessário distinguir *direitos fundamentais* de *direitos humanos*, uma vez que "via de regra, ambos são tratados como uma só categoria de direitos. Em suma, os direitos fundamentais podem ser considerados como a denominação genérica dos direitos humanos universais e dos direitos dos cidadãos nacionais" (Linhares 2002, 56).

está diretamente ligado ao surgimento da ideia da proporcionalidade no direito constitucional, pois que representam, ao garantir a liberdade individual, verdadeiros óbices à ação estatal em sua busca de satisfação dos interesses coletivos (Dimoulis e Martins 2011).

Assim, segundo o *Bundesverfassungsgericht* (Mendes 2001), os meios utilizados pelo Legislativo devem ser adequados e necessários à realização dos fins visados. O meio será *adequado* se, com a sua utilização, o evento pretendido pode ser alcançado; *necessário* se o legislador não dispõe de outro meio tão eficaz quanto, e menos restritivo aos direitos fundamentais.

Após essa evolução histórica do *princípio da proporcionalidade*, chega-se ao estágio em que se exige, pois, no Estado Constitucional, enquanto tal, a proteção do indivíduo contra intervenções desnecessárias ou excessivas que lhe gravem mais do que o indispensável para a proteção dos interesses coletivos (Gomes 2003), de forma que uma lei será inconstitucional se se puder constatar, inequivocamente, a existência de outras medidas menos lesivas (Mendes 2001).

Aos direitos fundamentais, portanto, serve o *princípio da proporcionalidade* à ponderação de bens tutelados pela Carta Magna. Tal postulado deflui do próprio Estado Constitucional de Direito, na medida em que atua como instrumento contra o arbítrio e os excessos.

Isso porque deve-se partir do pressuposto de que os direitos fundamentais tornar-se-iam meras afirmações programáticas caso não fosse possível a jurisdição constitucional, com o seu poder de controlar a constitucionalidade das leis e das decisões judiciais. Esse é o novel território de atuação do *princípio da proporcionalidade* (Gomes 2003).

Portanto, a exemplo do que ocorre na Alemanha, é possível indicar o importante papel que cabe aos tribunais constitucionais na medida em que hão de analisar a amplitude das limitações aos direitos fundamentais, de modo que cada restrição de uma liberdade garantida por um direito fundamental deve resultar *adequada, necessária* e *proporcional* (em sentido estrito) à proteção de um bem jurídico que seja, pelo menos, de igual valor (Gomes 2003).

A noção de proporcionalidade, consolidada pela Corte Constitucional na Alemanha, bem como pela doutrina do mesmo país, migrou para os Estados da Península Ibérica que determinaram em larga medida, mas não exclusivamente, suas formas de recepção no Brasil (Dimoulis e Martins 2011). E, afirma Gilmar Ferreira Mendes (2001), a primeira aparição do *princípio da proporcionalidade* nos julgados do Supremo Tribunal Federal se dá na década de 1960.

Posteriormente, em 21 de fevereiro de 1968, o Supremo Tribunal Federal declarou a inconstitucionalidade de norma constante da Lei de Segurança Nacional, que proibia, ao acusado da prática de crime por ela previsto, o desempenho de qualquer atividade profissional ou privada. Nesse caso, o Supremo Tribunal Federal (HC 45.232 1968) ponderou que "referida restrição revelava-se desproporcional (exorbitância dos efeitos da condenação) e era, portanto, inconstitucional, por manifesta afronta ao próprio direito à vida em combinação com a cláusula de remissão referida" (Mendes 2001, 5).

Desde então, o *princípio da proporcionalidade* tem assento garantido na jurisprudência do Supremo Tribunal Federal do Brasil, atuando no controle de constitucionalidade dos atos legislativos, nos mais diversos ramos do direito, pelo que tem "prestigiado normas que não se revelam arbitrárias ou irrazoáveis em suas prescrições, em suas determinações ou em suas limitações" (SS 1320 1999).

Situando dogmaticamente o *princípio da proporcionalidade*, Dimoulis e Martins (2011, 181), ainda que reconhecendo haver dúvidas quanto sua fundamentação constitucional no Brasil, o identifica de duas formas:

Primeiro, em virtude do vínculo direto do legislador aos direitos fundamentais, previsto no art. 5º, §1º, da CF. Vincular o legislador significa exigir que ele respeite ao mesmo tempo todos os direitos fundamentais. E, em caso de colisão entre direitos, isso equivale ao poder e dever de limitar os direitos fundamentais na estrita medida do necessário para, se possível, otimizar seu exercício. Na maioria dos casos, a intervenção estatal em um direito colidente será justificada e não a intervenção no outro. O caminho para tanto é respeitar o critério da proporcionalidade. Existe, neste contexto, um argumento de cunho sistemático que deduz a proporcionalidade da própria essência do sistema dos direitos fundamentais, garantindo seu respeito por meio de sua limitação racionalmente controlada.

O segundo possível fundamento normativo sob a vigência da Constituição de 1988 encontra-se no art. 5º, §2º, da CF., que permite reconhecer garantias de direitos fundamentais que não sejam expressamente previstas na Constituição, mas decorrem dos princípios por ela adotados. Nessa perspectiva, a proporcionalidade decorre da necessidade de harmonizar: (a) o exercício de direitos fundamentais com bens jurídicos conflitantes contemplados pelo texto constitucional como seus limites; e (b) os direitos fundamentais que colidem mediante controle das respectivas e muitas vezes implícitas intervenções legislativas. Na substância, porém, tem-se aqui também o vínculo do legislador como fundamento dogmático, porque este é decorrente dos princípios adotados pela Constituição Federal (art. 5º, §2º, da CF).

E nesse contexto, não poderia ser diferente, também se insere o *princípio da proporcionalidade* no âmbito do direito penal. No processo de verificação da constitucionalidade das normas penais (sujeitas à reserva legal), mostra-se insuficiente a ponderação de que a limitação dos direitos fundamentais se justificaria apenas em razão do bem juridicamente tutelado pela lei incriminadora. Há muito mais a se considerar. Do contrário, ameaçados estariam os direitos individuais reconhecidos como fundamentais, em razão da mera perspectiva de proteção aos bens e interesses coletivos.

Para evitar que isso ocorra, os meios postos para a tutela dos bens jurídicos que têm um fundamento constitucional hão de estar submetidos a determinadas limitações, além da mera referência à proibição de abuso, perscrutando questões outras como *adequação*, *necessidade* e *proporcionalidade* nas limitações a direitos fundamentais, elementos que são do *princípio da proporcionalidade* (Gomes 2003).

É assim que o *princípio da proporcionalidade* se apresenta hodiernamente, como "axioma do Direito Constitucional, corolário da constitucionalidade e cânone do Estado de direito, bem como regra que tolhe toda a ação ilimitada do poder do Estado no quadro da juridicidade de cada sistema legítimo de autoridade" (Bonavides 2004, 436).

Sempre que, em um Estado Constitucional, para satisfação de um interesse geral, tenha-se que mitigar a esfera de liberdade individual, faz-se imperiosa a atuação do *princípio da proporcionalidade*, inclusive como forma de controle dos atos administrativos e legislativos.

1.2 PRINCÍPIO DA PROPORCIONALIDADE E INTERPRETAÇÃO CONSTITUCIONAL

Entende-se por princípio o fundamento de um sistema jurídico, seu mandamento nuclear, que se irradia sobre as mais diversas regras, de forma a preencher-lhes de significado e intelecção. Em razão disso, o princípio se apresenta como critério interpretativo.

Considerando que regras e princípios são espécies de normas, Canotilho (1998, 1145-1146) procura distingui-los a partir das seguintes bases:

> a) a diferença no grau de abstração de cada um – as normas que apresentam um grau de abstração elevado, ou seja, as de mais difícil concretização, são princípios; enquanto as normas

com um grau de abstração mais reduzido, com maior grau de concretização, são regras;

b) a diferença no grau de determinabilidade na aplicação do caso concreto – os princípios, justamente por apresentarem grau de abstração elevado, necessitam de intervenções dos operadores do direito para que possam ser aplicados em um caso concreto. É necessário que o legislador ou o juiz intervenha no sentido de concretizar um princípio, tornar um princípio concreto. Diferentemente, as regras permitem a aplicação direta;

c) o caráter de fundamentalidade dos princípios no sistema das fontes de direito – os princípios são normas de grande relevância ao ordenamento jurídico, seja porque ocupam posição hierárquica superior no sistema das fontes de direito (exemplo, princípios constitucionais), seja porque possuem importância estruturante no sistema jurídico (exemplo, princípio do Estado de Direito);

d) a questão da proximidade que os princípios têm da ideia de direito – os princípios são as máximas do sistema jurídico, orientadas pelo ideal de justiça ou pela ideia de direito; os princípios vinculam o ordenamento jurídico, ou seja, subordinam as decisões jurídicas;

e) a natureza normogenética dos princípios – os princípios são a razão que fundamenta as regras.

Aliás, "os princípios não podem, em nenhum caso, ganharem aplicação de regra, ao preço de produzirem injustiças que subvertem a crença na própria juridicidade, na Constituição e no ordenamento" (Carvalho Netto 1998). E, tomando por prisma a linha de raciocínio desenvolvida por Canotilho, têm-se que a proporcionalidade se afigura dentre aquelas normas tidas como princípio e, pelo que restou consignado nas linhas anteriores, pode-se defini-lo como máxima normativa "decorrente da estrutura principal das normas e da atributividade do Direito e dependente do conflito de bens jurídicos materiais e do poder estruturador da relação meio-fim, cuja função é estabelecer uma medida entre bens jurídicos concretamente correlacionados" (Ávila 1999, 175).

Assim, tanto por sua força valorativa, como em decorrência de sua posição no contexto do Estado Constitucional, transgredir um axioma jurídico é muito mais grave que violar uma norma de natureza mais concreta.

O abuso ao princípio implica ofensa, não só a um específico mandamento obrigatório (típico da violação à regra) mas a todo um sistema de comandos, subvertendo seus valores fundamentais. É a mais incisiva forma de ilegalidade ou inconstitucionalidade (Bandeira de Mello 2002).

Mais grave quando essa violação ocorre no âmbito do *princípio da proporcionalidade*, em razão da sua precisa imbricação com os direitos fundamentais[12], a colocar tal axioma em posição privilegiada no processo de interpretação constitucional.

Além de servir como um dos pilares do ordenamento jurídico, como visto na seção anterior, o *princípio da proporcionalidade* exerce também relevante função interpretativa, na medida em que colabora para a orientação do exegeta na busca da solução mais razoável para os casos concretos que lhe são apresentados.

A proporcionalidade é de comprovada utilidade no equacionamento das mais diversas questões práticas, não só do Direito em seus muitos ramos, como também em outras disciplinas, sempre que se tratar da descoberta do meio mais adequado para atingir determinado objetivo (Guerra Filho 2002).

Uma das aplicações mais proveitosas contidas potencialmente no *princípio da proporcionalidade* é aquela que o faz instrumento de interpretação sempre que ocorre, ou pareça ocorrer, antagonismo entre

---

[12] Embora desnecessário conceituar ou definir *direitos fundamentais*, importante registrar a concepção de Menelick de Carvalho Netto (2003, 142-143), segundo o qual são "conquistas históricas, aquisições evolutivas socialmente criadas, direitos institucionalizados em uma sociedade improvável, complexa", decorrência de "uma sociedade que se diferencia, que se especializa para poder se reproduzir num grau de complexidade tão grande que exigiu a invenção dos direitos humanos, dos direitos fundamentais".

direitos fundamentais[13], pelo que se buscará, a partir de então, solução concreta, para a qual tal postulado é apropriado (Bonavides 2004).

E uma das teses centrais da teoria dos direitos fundamentais é a de que sua definição implica a máxima da proporcionalidade, e de seus três clássicos elementos (*adequação, necessidade* e *proporcionalidade em sentido estrito*), sendo também verdadeira a recíproca, ou seja, da máxima da proporcionalidade decorre logicamente o caráter principiológico dos direitos fundamentais (Alexy 2008). É o que se pode extrair, também, da seguinte ideia:

> Os direitos fundamentais cumprem a função de direitos de defesa dos cidadãos sob uma dupla perspectiva: (1) constituem, num plano jurídico-objetivo, normas de competência negativa para os poderes públicos, proibindo fundamentalmente as ingerências destes na esfera jurídica individual; (2) implicam, num plano jurídico-subjetivo, o poder de exercer positivamente direitos fundamentais (liberdade positiva) e de exigir omissões dos poderes públicos, de forma a evitar agressões lesivas por parte dos mesmos (liberdade negativa). (Canotilho 1998, 406)

Por isso mesmo, a proporcionalidade revela-se não só um importante – senão o mais importante – princípio jurídico fundamental, apresentando-se como verdadeiro topos argumentativo ao expressar um pensamento aceito como correto, justo e razoável (Guerra Filho 2002).

O direito constitucional moderno entende os direitos humanos como a essência da ordem jurídica. Nesse diapasão, o *princípio constitucional da proporcionalidade* desempenha papel crucial – o da ponderação de bens tutelados no Carta Magna. Atua contra o exercício imoderado do poder,

---

[13] A "colisão dos direitos fundamentais pode suceder de duas maneiras: (1) o exercício de um direito fundamental colide com o exercício de outro direito fundamental (colisão entre os próprios direitos fundamentais); (2) o exercício de um direito fundamental colide com a necessidade de preservação de um bem coletivo ou do Estado protegido constitucionalmente (colisão entre direitos fundamentais e outros valores constitucionais)" (Farias 2000, 116).

inclusive do próprio Legislativo. O faz através do controle de constitucionalidade.

> A par dessa vinculação aos direitos fundamentais, o princípio da proporcionalidade alcança as denominadas colisões de bens, valores ou princípios constitucionais. Nesse contexto, as exigências do princípio da proporcionalidade representam um método geral para a solução de conflitos entre princípios, isto é, um conflito entre normas que, ao contrário do conflito entre regras, é resolvido não pela revogação ou redução teleológica de uma das normas conflitantes, nem pela explicitação de distinto campo de aplicação entre as normas, mas antes e tão-somente pela ponderação do peso relativo de cada uma das normas em tese aplicáveis e aptas a fundamentar decisões em sentidos opostos. Nessa última hipótese, aplica-se o princípio da proporcionalidade para estabelecer ponderações entre distintos bens constitucionais. (HC 104339 2012)

Sobre o tema, Luis Afonso Heck (1995, 336-337) consigna, no mesmo sentido do Supremo Tribunal Federal, que o *Bundesverfassungsgericht* compreende o *princípio da proporcionalidade* em conjunto com o paradigma da proibição do excesso, decorrentes dos direitos fundamentais:

> O Tribunal Constitucional Federal também entende o preceito da proporcionalidade, juntamente com o preceito da proibição de excesso, como resultante da essência dos direitos fundamentais. Esses, como direitos defensivos, têm um conteúdo de proporcionalidade distintamente reconhecível; em sua interpretação e aplicação, a jurisprudência desenvolveu critérios, praticáveis e, no geral, reconhecidos, para o controle de intervenções estatais — como, v.g., o preceito da proporcionalidade. Nesse contexto, ele exige que o particular fique preservado de intervenções desnecessárias e excessivas. Uma lei não deve onerar o cidadão mais intensamente do que o imprescindível para a proteção do interesse público. Assim, a intervenção precisa ser apropriada

e necessária para alcançar o fim desejado, nem deve gravar em excesso o afetado, i.e., deve poder ser dele exigível.[14]

Assim, a aferição da constitucionalidade de leis restritivas de direitos, liberdades e garantias individuais pressupõe que, não estando em causa o mérito da escolha política, questione-se a causa e o fim da lei, bem como a medida da restrição por meio de princípios constitucionais, sobretudo o da proporcionalidade (Gomes 2003).

De forma sintética, pode-se afirmar que lança-se mão de referido postulado quando se tem em conta restrição a direito fundamental ou conflito entre princípios constitucionais, demandando que se estabeleça o peso relativo de cada um dos direitos por meio da aplicação das regras próprias ao *princípio da proporcionalidade* (HC 104339 2012).

Por óbvio, quando se trata de matéria penal, cujas consequências práticas da aplicação da norma incide direta e profundamente na esfera individual, há de se ter maior rigor na aferição da proporcionalidade entre os bens constitucionais envolvidos, tais como vida, segurança pública, propriedade, em contraposição à liberdade (primariamente atingida pela lei criminal), imagem, honra, dignidade da pessoa humana *et coetera* (bens secundariamente atingidos). O *Tribunal Constitucional de España* (Sentencia 55 1996) tem sedimentado essa ideia em diversos de seus julgados, consignando de maneira reiterada:

> El principio de proporcionalidad cobra mayor fuerza, si cabe, cuando se trata de una pena de privación de libertad. La restricción extrema de la libertad que significa su privación mediante el internamiento forzoso de un ciudadano en una prisión sólo se justifica cuando resulte necesaria para la

---

[14] Na mesma linha, consigna Gilmar Ferreira Mendes (2004, 47): "a doutrina identifica como típica manifestação do excesso de poder legislativo a violação do princípio da proporcionalidade ou da proibição do excesso (Verhältnismässigkeitsprinzip; Übermassverbot), que se revela mediante contraditoriedade, incongruência e irrazoabilidade ou inadequação entre meios e fins. No Direito Constitucional alemão, outorga-se ao princípio da proporcionalidade (Verhältnismässigkeit) ou ao princípio da proibição de excesso (Übermassverbot) qualidade de norma constitucional não escrita, derivada do Estado de Direito".

protección de un bien jurídico de la suficiente entidad y sólo en la medida en que resulte necesario para ello.

A análise da constitucionalidade dos atos legislativos a partir do *princípio da proporcionalidade* requer criterioso método, sobretudo quanto à investigação acerca da satisfação de seus elementos, a saber: *adequação*; *necessidade*; e *proporcionalidade em sentido estrito*. Essa é a estruturação clássica do *princípio da proporcionalidade*.

No entanto, sobretudo em matéria penal, onde as consequências da proibição de determinada conduta afetam, necessariamente, a coletividade e não somente os envolvidos (agressores e ofendidos) na atividade delitiva, tais elementos mostram-se insuficientes.

Há de se ter em conta, também, os efeitos da proibição em si, não só das consequências do ato proscrito, cuja vedação foi violada. De certo, proibição há que, por si só, representa mal maior do que aquilo que se proibiu.

De igual sorte, deve-se considerar que uma norma incriminadora, posta à disposição dos interesses coletivos, pode repercutir negativamente não só nos direitos individuais (apurável a partir dos critérios da *necessidade* e da *proporcionalidade em sentido estrito*), mas atingir a toda sociedade. Ou seja, pode haver situações em que a norma penal, com o intuito de proteger os bens e interesses sociais, atuaria limitando os direitos individuais, mas provocaria como efeito colateral danos à própria sociedade.

A ponderação da proporcionalidade, realizada a partir dos clássicos critérios (*adequação*, *necessidade* e *proporcionalidade em sentido estrito*), em razão do conteúdo destes, não estaria apta a sopesar os benefícios auferidos pela sociedade com o advento da norma incriminadora em contraposição aos prejuízos decorrentes da mesma regra.

Propõe-se, portanto, a inclusão do elemento *menor ofensividade social* como integrante obrigatório do juízo de proporcionalidade.

1.3   ELEMENTOS DO PRINCÍPIO DA PROPORCIONALIDADE

Partindo-se da consideração de que o *princípio da proporcionalidade* condiciona e regula o exercício da função legiferante, de modo a prevenir e obstaculizar o abuso aos direitos fundamentais por meio da lei, importa, desde logo, compreender seu conteúdo, a fim de determinar como se dá o controle da produção legislativa sob seu crivo. Assim, da análise dos elementos do *princípio da proporcionalidade* poderão ser detectados vícios materiais da lei em uma perspectiva diversa daquela tradicional, quando está em causa a mera compatibilidade lógico-formal das normas constitucionais (Pedra 2006).

O exame do *princípio da proporcionalidade*, tal qual desenvolvido no direito alemão, reproduzido que foi nos demais ordenamentos jurídicos, se apresenta "como processo que tem, sucessivamente, natureza classificatória (*adequação*), eliminatória (*necessidade*) e axiológica (*proporcionalidade em sentido estrito*), caracterizado por um afunilamento progressivo" (Dimoulis e Martins 2011, 172). A esse respeito:

> O princípio da proporcionalidade tem por conteúdo os subprincípios da adequação, necessidade e proporcionalidade em sentido estrito. Entendido como parâmetro a balizar a conduta do legislador quando estejam em causa limitações a direitos fundamentais, a adequação traduz a exigência de que os meios adotados sejam apropriados à consecução dos objetivos pretendidos; o pressuposto da necessidade é que a medida restritiva seja indispensável à conservação do próprio ou de outro direito fundamental e que não possa ser substituída por outra igualmente eficaz, mas menos gravosa; pela proporcionalidade em sentido estrito, pondera-se a carga de restrição em função dos resultados, de maneira a garantir-se uma equânime distribuição de ônus. (Barros 2003, 214)

Como já mencionado, impõe-se a inclusão de um quarto elemento ao *princípio da proporcionalidade*, a noção da *menor ofensividade social*.

De qualquer forma, antes de pormenorizar cada um desses quatro elementos, a título de síntese, pode-se afirmar que a lei será: *adequada* se cumpre a finalidade por si pretendida; *necessária*, se não há meio menos gravoso à obtenção do fim almejado; *proporcional*, estrito senso, se a intensidade da sanção imposta ao indivíduo for equivalente ao dano que se quis prevenir (caráter retributivo); *socialmente menos ofensiva*, se a medida trouxer consequências à coletividade menos graves do que os males que se propôs evitar.

1.3.1 Adequação

O juízo de *adequação* da lei, submetida ao crivo da proporcionalidade, para alcançar o fim proposto deve ser o primeiro a ser considerado na verificação da observância do *princípio da proporcionalidade* (Pedra 2006). Lei inadequada à concreção daquilo que se propôs, é intenção vazia que não deveria ter sido ungida à condição de norma.

O elemento *adequação* deve ser compreendido como o meio certo para levar a cabo um fim baseado no interesse público (Bonavides 2004). Impõe que a medida legislativa adotada para a realização do interesse coletivo deva ser apropriada à consecução dos fins propostos. Assim, a exigência de conformidade pressupõe a investigação e a prova de que o ato do poder público guarda aptidão e conformidade aos fins justificados na sua adoção (Canotilho 1998).

Portanto, *adequada* será a medida legislativa se guardar conexão, fundada em hipóteses comprovadas sobre a realidade empírica, entre o estado de coisas alcançado pela intervenção e o estado de coisas no qual o propósito puder ser considerado realizado. Todas as medidas adotadas pelo

Estado que não implicarem nessa conexão empiricamente comprovável são consideradas desproporcionais e, por via de consequência, inconstitucionais (Dimoulis e Martins 2011).

O juízo da *adequação* é realizado verificando-se a eficiência da medida para consecução do objetivo pretendido. Deve-se consignar, desde já, que não se trata de investigar eventuais efeitos colaterais da interferência estatal para a sociedade, mas de conferir, pontualmente, se do intervento decorrem os resultados esperados.

Também importa ressaltar que na análise dessa conexão, a refletir sobre *adequação*, exclui-se qualquer ponderação no tocante ao grau de eficácia dos meios tidos como aptos a alcançar o fim desejado. Essa questão, atinente à escolha do melhor meio, ou menos oneroso ao indivíduo, ao direito individual, pertence ao conteúdo do elemento *necessidade*. Entendido o *princípio da proporcionalidade* como parâmetro à conduta do legislador, sempre que se impõem limitações aos direitos fundamentais, a *adequação* dos meios aos fins apresenta-se como exigência de que qualquer medida legislativa restritiva deve ser idônea à consecução da finalidade perseguida. Se inapta a tanto, há de ser considerada inconstitucional (Pedra 2006).

Situando a questão da *adequação*, elemento do *princípio da proporcionalidade*, ao campo do direito penal, Mariângela Gama de Magalhães Gomes (2003, 129-130), utilizando o termo *idoneidade*, esclarece:

> Verifica-se que a efetividade da norma, neste sentido, encontra-se fortemente relacionada com o princípio da idoneidade, na medida em que este indica, justamente, que a legitimidade do direito penal acha-se vinculada à capacidade de suas normas para serem respeitadas pelos seus destinatários, ou se se preferir, à capacidade destas para tutelar o bem jurídico de índole constitucional.

Seguindo o direcionamento alternativo proposto pela autora, preferível compreender que se verifica a *adequação* da norma penal quando esta é capaz de tutelar o bem jurídico de índole constitucional ao qual se propôs a tanto, uma vez que o direito penal deve ser entendido como mais um meio (embora o último) para consecução dos bens garantidos constitucionalmente, não como um fim em si próprio.

Esta análise consiste na avaliação quanto às possibilidades de que a incriminação venha a desempenhar o papel ao qual se propôs (Gomes 2003) – a proteção do bem juridicamente tutelado. E o ônus da precisão do propósito incumbe ao Estado, que intervém na liberdade individual e não ao cidadão, titular do direito fundamental (Dimoulis e Martins 2011) contraposto pelo bem tutelado pela norma penal.

Assim, por exemplo, a norma penal que trata do homicídio somente será *adequada* se efetivamente for capaz de tutelar o direito à vida, fundamental por natureza.

De igual sorte, a que proíbe e penaliza a comercialização de substâncias psicotrópicas somente será *adequada*, idônea, se for capaz de tutelar a incolumidade coletiva, prevenindo o uso abusivo de drogas (ou, ao menos, mitigando os danos que lhe são inerentes) que maculam a saúde pública.

Em ambos os casos, concluindo-se pela inadequação da norma aos fins propostos, tem-se por sua desproporcionalidade, condutora à inconstitucionalidade.

É que o direito penal somente se legitima quando sua intervenção se mostra útil (Mir Puig 2002). E quanto ao momento de verificação da utilidade, a firmar o juízo de proporcionalidade, defende Mariângela Gama de Magalhães Gomes (2003, 131):

> É a partir do modo como a norma é recebida pela sociedade, demonstrada pela conformação dos comportamentos dos indivíduos aos valores nela explicitados, que se afere a sua

adequação à tal tarefa. Isso não significa, todavia, que um juízo acerca da idoneidade de uma norma penal tenha que aguardar sua entrada em vigor para que possa ser realizado, já que este exame pode se dar mediante um juízo prognóstico.

Portanto, é possível que uma lei contemple, ou pareça contemplar, no momento de sua edição, uma relação de meio-fim *adequada* e, com o tempo, mostre-se discordante (inadequada) do programa estabelecido pelo texto constitucional (Pedra 2006).

1.3.2 Necessidade

O segundo elemento informador do *princípio da proporcionalidade* é o da *necessidade*, também designado por "exigibilidade", pelo qual a medida legislativa não há de exceder os limites indispensáveis à conservação do fim que se propõe. O pressuposto desse elemento é o de que a norma restritiva seja indispensável à conservação de um direito fundamental, não podendo ser substituída por outra, igualmente eficaz e menos gravosa (Pedra 2006) ao direito individual.

Dessa forma, o elemento *necessidade* prescreve que o indivíduo "tem o direito à menor desvantagem possível. Assim exigir-se-ia sempre a prova de que, para a obtenção de determinados fins, não era possível adotar outro meio menos oneroso para o cidadão" (Canotilho 1998, 6). Demanda prova de que a medida se apresenta como a melhor possibilidade viável para a obtenção de certos fins e de menor custo ao indivíduo, bem como que atenda à relação custo-benefício, a fim de preservar, ao máximo, seus direitos (Stumm 1995).

No entanto, na consideração de que uma lei é inexigível ou desnecessária, desatendendo ao *princípio da proporcionalidade*, é importante que se possa indicar outra medida menos gravosa e igualmente apta a lograr ao menos o mesmo resultado (Pedra 2006).

E, na análise da *necessidade*, não se impõe a forma como um objetivo será satisfeito, apenas se rejeita o meio mais danoso, quando cotejado com outra providência apta para obter resultados análogos (Branco 2009).

Por óbvio, tais ponderações acerca da *necessidade* se dariam no cotejo dos meios considerados *adequados*. O mais *adequado*, mais idôneo, seria aquele a atender melhor ao critério da *necessidade*.

Isso porque, o elemento *necessidade* traz em si o requisito da *adequação*. Somente apresenta-se como exigível a medida legislativa considerada idônea a consecução do fim constitucional, uma vez que "apenas o que é adequado pode ser necessário, mas o que é necessário não pode ser inadequado" (Mendes 2004, 73).

Não obstante, deve-se grifar que a avaliação da *necessidade*, enquanto elemento da proporcionalidade, atua de forma muito mais criteriosa, restringindo o número de medidas *adequadas* aptas a serem proporcionais. É nesse aspecto que Dimoulis e Martins (2011, 202) consideram o elemento necessidade como decisivo à análise da proporcionalidade:

> Coerentemente com o sentido de garantia do critério da proporcionalidade, qual seja, poupar a liberdade tutelada pelo direito fundamental ao máximo possível, o subcritério da necessidade do meio escolhido e utilizado é o decisivo. Esse subcritério permite realizar o controle mais profundo e exigente, decidindo se o meio utilizado é, em última instância, proporcional ao(s) propósito(s) perseguido(s).

> Com efeito, o exame da adequação, apesar de sua utilidade dentro da construção dogmática, pode levar à aceitação de meios fortemente repressivos. No exemplo de uma empresa que polui o meio ambiente seria adequado o legislador estabelecer como sanção a revogação definitiva da autorização de funcionamento, pois, nesse caso, a empresa

nunca mais poluiria. Da mesma forma, se um funcionário faltar um dia injustificadamente ao trabalho, a previsão legal de sua demissão por justa causa seria adequada para que ele nunca mais cometesse essa falta. E se no Brasil fosse permitida a pena de morte, como ainda ocorre em alguns Estados, sua cominação legal para qualquer delito ou contravenção teria que ser considerada adequada para evitar futuras transgressões!

Isso indica que o exame de adequação permite aceitar uma ampla gama de meios interventivos acarretando o risco de permitir medidas que, intuitivamente, parecem desproporcionais.

Os autores propõem ainda a satisfação de duas condições para inferência da medida necessária:

a) O meio alternativo deve ser menos gravoso para o titular do direito que sofre a limitação de seu direito fundamental. Isso permite descartar os meios igualmente ou mais gravosos que são adequados (requisito da menor gravidade).

b) O meio alternativo deve ter eficácia semelhante ao meio escolhido pela autoridade estatal, que passou pelo crivo da adequação, permitindo alcançar o estado de coisas no qual o propósito possa ser considerado realizado. Dito de outra maneira, o meio alternativo menos gravoso deve ser adequado da mesma forma que o meio mais gravoso escolhido pela autoridade e também tão adequado quanto os eventuais outros meios menos gravosos que o escolhido pela autoridade estatal (requisito da igual adequação). (Dimoulis e Martins 2011, 202-203)

Por fim, consignam síntese esclarecedora:

Em resumo, dentre todos os meios que permitem alcançar os propósitos lícitos, somente o que gravar o direito fundamental com menor intensidade será o necessário. Todos os demais são desnecessários, sendo desproporcionais. Se o legislador (ou aquele órgão estatal que aplica a norma no âmbito de sua competência) tiver escolhido um meio mais gravoso do que o necessário, sua escolha deve ser considerada inconstitucional. (Dimoulis e Martins 2011, 203)

Trazendo a análise do elemento *necessidade* ao âmbito do direito penal, tem-se que o mesmo se sustenta na exigência constitucional de que o interesse a ser protegido, o bem juridicamente tutelado pela norma incriminadora, apresente relevância suficiente para poder justificar, em contrapartida, uma delimitação da esfera de liberdade individual no interesse coletivo[15].

É que a intervenção punitiva se afigura como a técnica de controle social mais gravosamente lesiva da liberdade e da dignidade dos cidadãos, pelo que o princípio da necessidade exige que se recorra a ela somente como remédio extremo (Ferrajoli 2006). Dessa forma, "seria portanto melhor se os benefícios que se imputam ao direito penal pudessem ser obtidos de modo socialmente menos oneroso" (Roxin 2001, 460), ficando restrito

> aos campos da atividade humana onde a tutela oferecida pelos outros seguimentos [...] não tenha sido suficiente. Assim, o alentado número de tipos penais, disciplinando temas que seriam melhor albergados em outros ramos do direito, só implica em hipertrofia do direito penal, tornando-o lento e ineficaz, o que provoca seu descrédito pela população. (I. L. Carvalho 1996, 128)

No mesmo sentido, acrescenta Mariângela Gama de Magalhães Gomes (2003, 83):

> Impõe-se ao legislador infraconstitucional, então, que atente a dois momentos distintos. No primeiro, deve identificar quais são os bens jurídicos que podem ser elevados à categoria de bem jurídico-penal, ou seja, quais bens necessitam de uma tutela por parte do direito penal, para que sejam suficientemente protegidos; em seguida, deverá ser analisada a medida em que determinado bem, já definido como merecedor de proteção penal, pode ser tutelado

---

[15] No Brasil, o Superior Tribunal de Justiça (AgRg REsp 887240 2007) identifica que "o respeito aos bens jurídicos protegidos pela norma penal é, primariamente, interesse de toda a coletividade, sendo manifesta a legitimidade do Poder do Estado para a imposição da resposta penal, cuja efetividade atende a uma necessidade social". No mesmo sentido, Claus Roxin (2001, 460) afirma que o direito penal "assegura a paz infraestatal e uma distribuição de bens minimamente justa. Com isso garante ao indivíduo os pressupostos para o livre desenvolvimento de sua personalidade, o que se compreende entre as tarefas essenciais do Estado social de direito".

criminalmente, de maneira que sejam aferidas as modalidades de ataque em relação às quais é indispensável o recurso ao direito penal.

Ou seja, somente os bens valorados constitucionalmente, absolutamente relevantes à consecução dos direitos fundamentais, estão autorizados a serem tutelados pela via do direito penal.

Mas isso não esgota o conteúdo do elemento *necessidade*, informador do *princípio da proporcionalidade*, quando inserido no contexto criminal. Além disso, há de se demonstrar que não seria possível a tutela de referido bem fundamental por meio de outro mecanismo que não fosse a lei penal.

A intervenção de natureza penal, portanto, somente se justifica constitucionalmente em razão importância do bem jurídico protegido e a inexistência, dentro das circunstâncias, de outra medida de menor lesão ao particular (Yacobucci 2002).

Somente conjugadas essas duas faces da *necessidade* pode-se aferir a proporcionalidade da norma incriminadora. Dessa forma, a intervenção penal requer a existência de uma ofensa, de uma agressão, dirigida a um bem essencial ao pleno desenvolvimento da sociedade (Gomes 2003). É o que se pode chamar de intervenção mínima.

Beccaria (2001, 679) exprimiu bem ideia na seguinte metáfora: "o legislador deve ser um arquiteto hábil, que saiba ao mesmo tempo empregar todas as forças que podem contribuir para consolidar o edifício e enfraquecer todas as que possam arruiná-lo".

Assim, "qualquer possível restrição ou limitação à liberdade individual deve ser sempre confrontada com as garantias expressas no texto constitucional, sendo ainda mais evidente esta exigibilidade quando se tratar da ingerência do direito penal" (Gomes 2003, 84).

Na esfera penal, portanto, o nível de critério conferido ao elemento *necessidade* deve exceder ao que ordinariamente se aplica aos demais ramos do direito, posto que no conflito aparente dos direitos fundamentais, tomados em conta para apreciação da proporcionalidade, de um lado sempre estará o postulado da liberdade.

Assim, por exemplo, a norma que trata do homicídio somente será *necessária*: 1) ante a demonstração que o bem juridicamente tutelado, a vida, figura dentre aqueles alçados à categoria dos direitos fundamentais, essenciais ao pleno desenvolvimento da sociedade; e 2) demonstrando-se que não seria possível a tutela de referido bem fundamental por meio de outro mecanismo que não fosse a lei penal.

De igual sorte, a que proíbe e criminaliza a comercialização de substâncias psicoativas, somente será *necessária*: 1) demonstrando-se que a saúde e incolumidade pública[16], bens juridicamente tutelados, figuram dentre aqueles, considerados constitucionalmente, essenciais ao pleno desenvolvimento da sociedade; e 2) demonstrando-se que não seria possível a prevenção do uso inadequado de drogas (ou, ao menos, a mitigação dos seus nocivos efeitos) a partir de outro mecanismo, administrativo ou legal, que não seja a incriminação.

Novamente, pode-se dizer que, em ambos os casos, concluindo-se pela desnecessidade da norma aos fins propostos, tem-se por sua desproporcionalidade, cuja consequência seria considerá-la inconstitucional.

1.3.3 Proporcionalidade em sentido estrito

O elemento *proporcionalidade em sentido estrito*, informador do *princípio da proporcionalidade*, "consiste em um sopesamento entre a intensidade da restrição ao direito fundamental atingido e a importância da

---

[16] Entendida da forma mais ampla, abrangendo também a segurança pública.

realização do direito fundamental que com ele colide e que fundamenta a adoção da medida restritiva" (Silva 2002, 40).

A ponderação da razoabilidade deve se preocupar, também, com a forma pela qual a norma restritiva é recepcionada pelo indivíduo na sua esfera de liberdade e na limitação de seus direitos fundamentais.

Isso porque a ideia de *adequação* e de *necessidade* não se faz suficiente à verificação da constitucionalidade da medida legal, de caráter restritivo, adotada com determinado fim, em resguardo do interesse coletivo; dela pode decorrer excessiva sobrecarga aos direitos fundamentais do indivíduo atingido, de forma a torná-la desproporcional (Pedra 2006). Nesse sentido:

> Muitas vezes, um juízo de adequação e necessidade não é suficiente para determinar a justiça da medida restritiva adotada em uma determinada situação, precisamente porque dela pode resultar uma sobrecarga ao atingido que não se compadece com a ideia de justa medida. Assim, o princípio da proporcionalidade *stricto sensu*, complementando os princípios da adequação e da necessidade, é de suma importância para indicar se o meio utilizado encontra-se em razoável proporção com o fim perseguido. A ideia de equilíbrio entre valores e bens é exalçada. (Barros 2003, 84-85)

Têm-se, então, a necessidade de verificar, no caso concreto, se o resultado da norma, cujo objetivo se traduz no resguardo dos legítimos interesses da coletividade (interesses esses de natureza constitucional), restringe direito fundamental do cidadão mais do que seria razoável exigir.

Assim, em matéria penal, a verificação da *proporcionalidade estrita*, como elemento do *princípio da proporcionalidade*, diz respeito à investigação da correlação entre o delito e sua respectiva pena. Nesse aspecto, importante consignar:

> O princípio da proporcionalidade exige que se faça um juízo de ponderação sobre a relação existente entre o bem que é lesionado ou posto em perigo (gravidade do fato) e o bem de

que pode alguém ser privado (gravidade da pena). Toda vez que, nessa relação, houver um desequilíbrio acentuado, estabelece-se, em consequência, inaceitável desproporção. O princípio da proporcionalidade rechaça, portanto, o estabelecimento de cominações legais (proporcionalidade em abstrato) e a imposição de penas (proporcionalidade em concreto) que careçam de relação valorativa com o fato cometido considerado em seu significado global. Tem em consequência, um duplo destinatário: o poder legislativo (que tem de estabelecer penas proporcionadas, em abstrato, à gravidade do delito) e o juiz (as penas que os juízes impõem ao autor do delito têm de ser proporcionadas à sua concreta gravidade). (Franco 2007, 67)

Na verdade, o axioma da proporção entre a gravidade do delito cometido e de sua consequente pena, figura entre os primeiros postulados do direito penal, muito bem sistematizado por Beccaria (2001, 665):

O interesse de todos não é somente que se cometam poucos crimes, mais ainda que os delitos mais funestos à sociedade sejam os mais raros. Os meios que a legislação emprega para impedir os crimes devem, pois, ser mais fortes à medida que o delito é mais contrário ao bem público e pode tornar-se mais comum. Deve, pois, haver uma proporção entre os delitos e as penas.

Um dos argumentos utilizados por Beccaria para o respeito na proporção entre os delitos e as penas consiste no que hoje poderíamos chamar de isonomia. Ou seja, a igualdade, como premissa constitucional, também se afigura como fundamento do elemento proporcionalidade, informador do princípio homônimo.

Se o prazer e a dor são os dois grandes motores dos seres sensíveis; se, entre os motivos que determinam os homens em todas as suas ações, o Supremo Legislador colocou como os mais poderosos as recompensas e as penas; se dois crimes que atingem desigualmente a sociedade recebem o mesmo castigo, o homem inclinado ao crime, não tendo que temer uma pena maior para o crime mais monstruoso, decidir-se-á mais facilmente pelo delito que lhe seja mais vantajosos; e a distribuição desigual das penas produzirá a contradição, tão notória quando frequente, de que as leis terão de punir os crimes que tiveram feito nascer.

Se se estabelece um mesmo castigo, a pena de morte por exemplo, para quem mata um faisão e para quem mata um homem ou falsifica um escrito importante, em breve não se fará mais nenhuma diferença entre esses delitos; destruir-se-ão no coração do homem os sentimentos morais, obra de muitos séculos, cimentada por ondas de sangue, estabelecida com lentidão através mil obstáculos, edifício que só se pode elevar com o socorro dos mais sublimes motivos e o aparato das mais solenes formalidades. (Beccaria 2001, 665)

Portanto, o critério para medir a responsabilidade penal do agente e, consequentemente, sua pena, não é a intenção, nem a gravidade do seu ato. Será somente o dano que do seu crime resulte para a sociedade (Bruno 1978).

Ou seja, o limite a vincular o legislador quando da formação da norma incriminadora não diz respeito, exclusivamente, à escolha da qualificação de uma conduta como ilícito penal, mas, também, à graduação da sua sanção (Gomes 2003), podendo-se até mesmo chegar à conclusão que pena alguma seria razoável.

Uma vez que a liberdade pessoal tem proeminente valor na Constituição e que cada restrição sua, principalmente aquelas acompanhadas de sanção penal, pode ocorrer apenas para balancear a lesão de um valor constitucionalmente significativo, a restrição de tal direito fundamental somente poderá ser adotada na medida da importância do bem constitucional agredido (Gomes 2003).

Assim, a título de exemplo, a norma penal que tutela o direito a vida demandaria sanção à liberdade muito mais severa e gravosa em relação àquela que trata de uma simples subtração da propriedade sem uso de violência ou grave ameaça. Nesse sentido é a palavra de Beccaria (2001, 682):

Já observamos que a verdadeira medida dos delitos é o dano causado à sociedade. Eis aí uma dessas verdades que, embora evidentes para o espírito menos perspicaz, mas ocultas por um concurso singular de circunstâncias, só são conhecidas de um pequeno número de pensadores em todos os países e em todos os séculos cujas leis conhecemos.

E essa ponderação relaciona-se com a intensidade intrínseca ao intervento punitivo, de forma que, quanto mais incisiva for a intervenção penal na esfera jurídica do indivíduo, mais relevante há de se demonstrar o interesse geral da coletividade (Gomes 2003) e a lesividade consubstanciada na ação daquele.

Por fim, importante mencionar que essa ponderação de valores deve ser realizada não somente entre o bem juridicamente tutelado pela norma penal e o quantitativo da pena, em abstrato, prevista na mesma norma.

É preciso, também, a verificação da proporcionalidade, *stricto sensu,* numa interpretação sistêmica do direito penal, onde os tipos incriminadores, os bens por eles tutelados e suas respectivas penas sejam mutuamente considerados, a fim de evitar não só a desproporcionalidade entre o delito e a sanção, mas entre os delitos e as sanções contextualizados em um mesmo sistema.

E é preciso mais ainda: deve-se verificar se a conduta típica, em abstrato, tida como lesiva à sociedade, é análoga a outra, igualmente lesiva, mas não considerada como crime. Não atenderia ao princípio da isonomia, não sendo estritamente proporcional, que a lei dispusesse de forma tão assimétrica situações que se apresentem como análogas. O tratamento desigual encontra limites na proporcionalidade.

A compatibilização entre a regra isonômica e outros interesses garantidos constitucionalmente, impõe que se recorra à noção de proporcionalidade. Somente a partir dessa compreensão se poderá obter um equilíbrio entre diferentes valores a serem preservados (Barroso 1999).

Compreensão semelhante manifestou a *Supreme Court of the United States* ao julgar o caso *Solem v. Helm* (1983), hoje paradigma naquele país[17], estabelecendo critérios objetivos à aferição da proporcionalidade da sanção, inclusive a partir de criteriosa comparação da severidade da pena de diferentes crimes, inserido que estão no mesmo sistema. É o que se pode inferir:

> The constitutional principle of proportionality has been recognized explicitly in this Court for almost a century. In several cases, the Court has applied the principle to invalidate criminal sentences. [...] And the Court often has recognized that the Eighth Amendment proscribes grossly disproportionate punishments, even when it has not been necessary to rely on the proscription. [...]
>
> A court's proportionality analysis under the Eighth Amendment should be guided by objective criteria.
>
> (a) Criteria that have been recognized in this Court's prior cases include (i) the gravity of the offense and the harshness of the penalty; (ii) the sentences imposed on other criminals in the same jurisdiction, that is, whether more serious crimes are subject to the same penalty or to less serious penalties; and (iii) the sentences imposed for commission of the same crime in other jurisdictions.
>
> (b) Courts are competent to judge the gravity of an offense, at least on a relative scale. Comparisons can be made in light of the harm caused or threatened to the victim or to society, and the culpability of the offender. There are generally accepted criteria for comparing the severity of different crimes, despite the difficulties courts face in attempting to draw distinctions between similar crimes.
>
> (c) Courts are also able to compare different sentences. For sentences of imprisonment, the problem is one of line-drawing. Decisions of this kind, although troubling, are not

---

[17] Desde o julgamento do caso *Solem v. Helm* (1983), foi estabelecido o teste *Helm*, segundo o qual para aferição da proporcionalidade da norma penal e, consequentemente, sua constitucionalidade, o legislador, ou mesmo o órgão judicante, deve guiar-se a partir de três parâmetros: 1) comparação da gravidade do delito com a severidade da pena; 2) comparação das penas impostas, na mesma jurisdição, a outros tipos de crimes; 3) comparação das penas impostas pelo mesmo tipo de crime em outras jurisdições.

unique to this area. The courts are constantly called upon to draw similar lines in a variety of contexts. (Solem v. Helm 1983)[18]

Embora o julgado transcrito tenha como destinatário o próprio Judiciário, ao estabelecer critérios objetivos à aferição da proporcionalidade das penas no caso concreto, os parâmetros nele consignados aplicam-se também à atividade legiferante, no tratamento em abstrato das sanções penais.

Sendo assim, além da ideal proporção entre a gravidade da ofensa e a pena cominada em abstrato, deve-se considerar a sanção criminal como integrante de um sistema complexo, a ser sopesada em relação aos demais delitos, bens violados e cominações, valorados no ordenamento jurídico. Só assim pode-se aferir a *proporcionalidade em sentido estrito*.

1.3.4 Menor ofensividade social como elemento do princípio da proporcionalidade

A análise do *princípio da proporcionalidade*, sobretudo em matéria penal, não se esgota no enfrentamento dos três clássicos elementos

---

[18] "O princípio constitucional da proporcionalidade tem sido reconhecido explicitamente nesta Corte por quase um século. Em vários casos, a corte tem aplicado o princípio para invalidar sentenças criminais. [...] E a corte geralmente tem reconhecido que a Oitava Emenda reprova punições grosseiramente desproporcionais, mesmo quando não foi necessário recorrer à proscrição [...].

A análise de proporcionalidade desta Corte prevista na Oitava Emenda deve pautar-se por critérios objetivos.

(a) Os critérios que têm sido prioritariamente reconhecidos nos casos desta Corte incluem (i) a gravidade da ofensa e a dureza da pena; (ii) as sentenças impostas a outros criminosos na mesma jurisdição, ou seja, se os crimes mais graves são sujeitos à mesma pena ou sanções menos graves; e (iii) as penas impostas para cometer o mesmo crime em outras jurisdições.

(b) Os tribunais são competentes para julgar a gravidade de uma ofensa, pelo menos em uma escala relativa. As comparações podem ser feitas levando em consideração os danos causados ou ameaça à vítima ou à sociedade e a culpabilidade do infrator. Há critérios geralmente aceitos para comparar a gravidade de crimes diferentes, apesar das dificuldades enfrentadas pelos tribunais em tentar definir distinções entre crimes semelhantes.

(c) Os tribunais também podem comparar sentenças diferentes. Para as penas de prisão, o problema está em definir um padrão. Decisões deste tipo, embora preocupantes, não são exclusivas desta área. Os tribunais são constantemente chamados a desenvolver linhas similares em uma variedade de contextos" (traduzido do inglês para o português).

(*adequação*, *necessidade* e *proporcionalidade em sentido estrito*), devendo ser acrescido ao seu conteúdo o postulado da *menor ofensividade social*.

Na análise da *menor ofensividade social* leva-se em conta se as consequências da proibição em matéria penal (ainda que atendam à *necessidade*, *adequação* e *proporcionalidade*, *stricto sensu*), por si só, são mais graves que os consectários dos fatos que se pretendem proibir.

É nesse sentido que, embora não indicando o elemento da *menor ofensividade social* como informador do conteúdo do *princípio da proporcionalidade*, nem mesmo fazendo referência a tal nomenclatura, a *Corte costituzionale della Repubblica Italiana* (Sentenza 341 1994) considerou inconstitucional norma penal que trazia à sociedade dano desproporcionalmente maiores que a violação ao direito por si tutelado.

Trata-se da *Sentenza 341*, de 1994, que, consolidando posicionamentos anteriores (Sentenza 409 1989, Sentenza 343 1993, Sentenza 422 1993), mesmo considerando competir ao Legislativo a proscrição de condutas, bem como a determinação criteriosa da quantidade e qualidade da respectiva pena, não cabendo, via de regra, ao Judiciário se imiscuir nestas "escolhas morais", entendeu, com base na própria jurisprudência, ser tarefa daquela corte constitucional verificar o uso do critério legislativo no que diz respeito aos "limites razoáveis".

> In ordine a questo complessivo orientamento si può osservare in primo luogo come il principio secondo cui appartiene alla discrezionalità del legislatore la determinazione della quantità e qualità della sanzione penale costituisce un dato costante della giurisprudenza costituzionale che deve essere riconfermato: non spetta infatti alla Corte rimodulare le scelte punitive effettuate dal legislatore, né stabilire quantificazioni sanzionatorie. Tuttavia, come è stato sottolineato soprattutto nella giurisprudenza più recente, alla Corte rimane il compito di verificare che l'uso della discrezionalità legislativa in materia rispetti il limite della ragionevolezza. (Sentenza 341 1994)

Suscitando os princípios da igualdade e da proporcionalidade, lembrou que a exigência de sanção proporcional ao valor negativo do crime cometido é interesse tanto do indivíduo quanto da sociedade.

> In particolare, con la sentenza n. 409 del 1989 la Corte ha definitivamente chiarito che 'il principio di uguaglianza, di cui all'art. 3, primo comma, della Costituzione, esige che la pena sia proporzionata al disvalore del fatto illecito commesso, in modo che il sistema sanzionatorio adempia nel contempo alla funzione di difesa sociale ed a quella di tutela delle posizioni individuali; .. le valutazioni all'uopo necessarie rientrano nell'ambito del potere discrezionale del legislatore, il cui esercizio può essere censurato, sotto il profilo della legittimità costituzionale, soltanto nei casi in cui non sia stato rispettato il limite della ragionevolezza' (v. pure nello stesso senso sentenze nn. 343 e 422 del 1993). (Sentenza 341 1994)

A sequência desse raciocínio lógico revela o exato conteúdo do elemento *menor ofensividade social*, ora proposto como integrante do *princípio da proporcionalidade*. Considerou aquela corte constitucional que o *princípio da proporcionalidade* no direito penal equivale a negar legitimidade às incriminações que, mesmo adequadas a atingir a finalidade proposta, produzem, por si só, danos ao indivíduo[19] ou à sociedade[20] desproporcionalmente maiores do que as vantagens obtidas (ou a serem obtidas).

> Infatti, più in generale, 'il principio di proporzionalità .. nel campo del diritto penale equivale a negare legittimità alle incriminazioni che, anche se presumibilmente idonee a raggiungere finalità statuali di prevenzione, producono, attraverso la pena, danni all'individuo (ai suoi diritti fondamentali) ed alla società sproporzionatamente maggiori dei vantaggi ottenuti (o da ottenere) da quest'ultima con la tutela dei beni e valori offesi dalle predette incriminazioni'. (Sentenza 341 1994)

---

[19] Indagação pertinente ao elemento *proporcionalidade em sentido estrito*.
[20] Análise da *menor ofensividade social*.

Ora, a análise dos malefícios trazidos diretamente à sociedade em razão da norma penal, consequência da proibição em si, ou mesmo da pena, não está contida no conteúdo dos elementos clássicos do *princípio da proporcionalidade* (*adequação, necessidade* e *proporcionalidade em sentido estrito*).

Como visto, a norma penal será *adequada* se apta a proteger o bem por si tutelado, cumprindo a finalidade pretendida; *necessária,* se não há meio menos gravoso à liberdade individual apto a proteger o bem tutelado; *proporcional,* estrito senso, se a pena imposta for proporcional à gravidade do delito praticado e simétrica às demais incriminações previstas no sistema penal. Os bens postos à ponderação nesses três critérios correspondem àquele tutelado pela norma penal (de interesse social) e a liberdade (de caráter individual).

Não se pode fazer, a partir dos critérios clássicos do *princípio da proporcionalidade,* a ponderação dos bens que, embora contrapostos, interessam ambos, precipuamente, à sociedade.

É que a norma incriminadora, mesmo que *adequada, necessária* e *estritamente proporcional,* pode trazer em si prejuízos sociais que rivalizam com os benefícios que a própria lei penal trouxe. A avaliação desse custo-benefício é ignorada pela análise da *adequação, necessidade* e *proporcionalidade em sentido estrito.*

Há algumas modalidades delituosas que, não obstante se referirem a bens jurídicos merecedores de tutela penal, provocam efeitos na sociedade diversos dos objetivos pelos quais se deu a tipificação da conduta. São situações em que se impõe a permanente necessidade de ponderar todas as consequências no âmbito social decorrentes da norma incriminadora, e avaliar a medida em que seus consectários tornam desvantajosa a permanência do tipo penal no ordenamento jurídico (Gomes 2003).

Daí a necessidade de se considerar, principalmente em matéria penal, um quarto elemento do *princípio da proporcionalidade,* a ponderar o benefício social trazido pela norma incriminadora com os malefícios (a atingir a coletividade) decorrentes da mesma lei penal. Tem-se, pois, o elemento *menor ofensividade social* para os fins propostos.

Nesse sentido, complementando o juízo de proporcionalidade realizado pelos elementos clássicos (*adequação, necessidade* e *proporcionalidade*), a norma penal seria *socialmente menos ofensiva*, se trouxer consequências sociais menos graves do que os males que se propôs evitar.

A análise da *menor ofensividade social* não se confunde com o juízo de *adequação*, posto que neste não se ponderam eventuais efeitos colaterais da interferência estatal para a sociedade, tratando-se apenas de conferir, pontualmente, se do intervento decorrem os resultados esperados.

Também não guarda relação de pertinência com o conteúdo do subprincípio da *necessidade*, uma vez que neste busca-se, dentre os meios adequados, aquele de menor ônus aos direitos individuais, sem perscrutar as consequências da medida para coletividade.

O sopesar entre o gravame do revide estatal, imposto ao cidadão, e o dano suportado pela sociedade, decorrente do ilícito perpetrado, típico da análise da *proporcionalidade em sentido estrito*, também não abrange os consectários sociais não desejados da norma.

A questão da proscrição penal do aborto pode ser utilizada como exemplo de que *adequação, necessidade* e *proporcionalidade em sentido estrito* não exaurem o *princípio da proporcionalidade*.

Pode-se dizer que a criminalização do aborto é *adequada* à diminuição dos casos de interrupção voluntária da gestação com a destruição do feto; *necessária*, em razão da proteção ao direito à vida do nascituro e da ineficácia dessa tutela por ramo outro do direito que não seja o penal; e, *proporcional, stricto sensu*, em razão de a pena imposta ser compatível com a gravidade do crime[21], assim considerada a partir da compreensão do sistema penal como um todo.

No entanto, a proscrição do aborto, por si só, é causa de um sério problema de saúde pública, consistente na clandestinidade decorrente da própria proibição.

Não fosse o bastante, Steven D. Levitt e Stephen J. Dubner (2005) relacionam a legalização do aborto, onde quer que tenha sido adotada, com a diminuição nos índices de criminalidade. Citando estudos realizados na Europa Oriental e na Escandinávia, contextualizados nos anos de 1930 aos anos de 1960, afirmam que

> [...] nas situações em que o aborto era negado a uma mulher, ela em geral se ressentia do filho, deixando de proporcionar para a criança um lar saudável. Mesmo descontando os fatores renda, idade, instrução e saúde da mãe, esses pesquisadores concluíram que tais crianças também eram mais propensas a se tomarem criminosas. (Levitt e Dubner 2005, 1516)

Também procuram explicar a brusca queda da criminalidade, experimentada nos Estados Unidos da América na década de 1990, em razão da liberação do aborto ocorrida naquele país a partir da decisão da Suprema Corte norte-americana no caso *Roe v. Wade* (1973):

> Um estudo demonstrou que a típica criança impedida de nascer nos primeiros anos da legalização do aborto estaria 50% mais propensa que a média a viver na pobreza; teria, igualmente, uma probabilidade 60% maior de ser criada por apenas um dos genitores. Esses dois fatores - uma infância pobre e um lar de mãe/pai solteiro - estão entre os mais fortes fatores determinantes de um futuro criminoso. Crescer num lar de genitor solteiro praticamente dobra a propensão de uma criança para o crime. O mesmo ocorre com os filhos de mães adolescentes. Outro estudo mostrou que a baixa instrução

---

[21] Não se faz conveniente, aos fins propostos por essa obra, descer aos detalhes analíticos de cada um desses elementos quanto à criminalização do aborto. Portanto, consideremos a síntese como ponto de partida à argumentação que se seguirá.

materna é o fator isolado de mais peso para conduzir à criminalidade. [...]

No entanto, o efeito mais dramático da legalização do aborto - e que levaria anos para se fazer sentir - talvez tenha sido o seu impacto sobre a criminalidade. No início dos anos 1990, precisamente quando a primeira leva de crianças nascidas após o caso Roe x Wade chegava à adolescência - época em que os jovens do sexo masculino atingem seu auge criminoso -, o índice de criminalidade começou a cair. O que faltava nessa leva, é claro, eram as crianças mais propensas a se tomarem criminosas. A criminalidade continuou a cair à medida que uma geração inteira alcançou a maioridade, dela excluídas as crianças cujas mães não haviam querido pô-las no mundo. O aborto legalizado resultou num número menor de filhos indesejados; filhos indesejados levam a altos índices de criminalidade. A legalização do aborto, assim, levou a menos crimes. (Levitt e Dubner 2005, 1539/1546)

Por isso, nitidamente, a proscrição do aborto, em matéria penal, poderia ter um outro resultado, que não o da constitucionalidade, se ponderados os interesses sociais (protegidos pela incriminação) em contraposição aos próprios interesses sociais (violados pela incriminação).

O juízo da *menor ofensividade social* exerceria análise em espectro não vislumbrado pelos outros elementos do *princípio da proporcionalidade* (*adequação, necessidade* e *proporcionalidade em sentido estrito*).

Outro aspecto relevante diz respeito ao efeito criminógeno que algumas normas penais causam na sociedade. Ainda em relação ao aborto, importante registrar:

Por outro lado, quando a mulher grávida decide realizar um aborto, é provável que recorra à ajuda de terceiros, ou seja, de pessoas capazes de realizar uma interrupção na gravidez. Assim, tendo-se em vista a dificuldade em realizar esta prática sozinha, a gestante utiliza-se do auxílio de outra pessoa possuidora de conhecimentos técnicos para tal prática, ou de outras pessoas que eventualmente podem também prestar algum tipo de assistência. Essas pessoas que prestam seus serviços para realizar o aborto desejado pela gestante acabam, desta forma, igualmente infringindo a lei e, portanto, praticando crimes. (Gomes 2003, 146)

A proscrição do chamado *Jogo do Bicho*[22], no Brasil, considerado contravenção penal pela legislação brasileira, é outro exemplo de lei criminógena de sérios efeitos deletérios para sociedade. Crimes graves são cometidos para movimentar a atividade contravencional e justificar seus rendimentos, tais como lavagem de dinheiro, corrupção ativa e passiva, evasão de divisas *et coetera.*

Não obstante, a norma incriminadora que proíbe o *Jogo do Bicho* facilmente passaria pelo crivo da *adequação, necessidade* e *proporcionalidade em sentido estrito*, sendo, a partir desses elementos, considerada constitucional. O mesmo não se pode dizer a partir da análise do elemento *menor ofensividade social.*

Poder-se-ia demonstrar: 1) que a proibição, a partir da norma penal, teria efeito de mitigar a atuação do *Jogo do Bicho* – a lei seria *adequada*; 2) que meras medidas administrativas não seriam tão eficientes a tanto - a lei seria *necessária*; 3) que as penas impostas aos contraventores são razoáveis, considerando o sistema penal em que elas se encontram inseridas – a lei seria *proporcional* (estrito senso).

Pela clássica análise do *princípio da proporcionalidade*, poder-se-ia concluir pela razoabilidade da norma penal que proscreve o *Jogo do Bicho*. No entanto, submetendo-a a um quarto elemento, o da *menor ofensividade social*, ter-se-ia que ponderar o custo-benefício social da

---

[22] "O jogo do bicho foi inventado em 1892 pelo barão João Batista Viana Drummond, fundador e proprietário do Jardim Zoológico do Rio de Janeiro, em Vila Isabel. O barão de Drummond havia criado o jogo como um chamariz para animar a concorrência e aumentar o faturamento do zoológico. Muito rapidamente, os 25 bichos "fugiram" do zôo e foram incorporados ao dia-a-dia da cidade. Desde então, o Rio de Janeiro, capital da República desde 1889, tornou-se também a capital do jogo do bicho. A invenção carioca nasceu numa fase de desenfreada especulação financeira e jogatina da bolsa de valores nos primeiros anos da República. O comércio em crise, para estimular as vendas, instituíra o sorteio de brindes. O barão Drummond, seguindo a correnteza, estipulou o prêmio em dinheiro, sorteando a cada dia uma placa com a figura de um entre 25 animais. Fora do controle do barão, os primeiros banqueiros associaram os animais a séries numéricas e o jogo passou a ser praticado como um fim em si mesmo. Isso foi o estopim para empolgar multidões e transformar o bicho na "instituição" que é ainda hoje" (Benatte 2008).

medida – a conclusão certamente seria pela desproporcionalidade, condutora à inconstitucionalidade.

Assim, impõe-se à verificação da proporcionalidade do tratamento penal, a análise do custo-benefício dessa norma em razão da sociedade, numa ponderação dos benefícios trazidos (ou mesmo almejados) pela lei incriminadora em confronto com os prejuízos dela decorrentes.

2   GUERRA CONTRA AS DROGAS

Para submeter a norma penal que proscreve as substâncias psicoativas ao crivo do *princípio da proporcionalidade*, objetivo da presente obra, a aferir sua constitucionalidade, se faz necessário compreender, antes de tudo, a relação das drogas com a humanidade, sua posição no processo civilizatório e o que as mesmas representam hoje para a sociedade.

Importante também ter a exata noção do que vem a ser a *guerra contra as drogas*, seu fundamento legal e sua relação com a própria noção de proporcionalidade.   Para tanto, imprescindível que se analise seu fundamento normativo, sua repercussão no contexto cultural e histórico das nações, além de seu tratamento na comunidade internacional.

Isso porque não se tem como dissociar o combate às drogas do seu fundamento legal: a criminalização das substâncias psicotrópicas consideradas ilícitas.   Dessa forma, o juízo de proporcionalidade a ser exercido sobre a norma penal que proscreve tais substâncias é o mesmo ao qual se submete a *guerra contra as drogas*.

Para tanto, deve-se analisar também o resultado dessa política repressiva: se alcançou seus objetivos; sua repercussão para o indivíduo; as sequelas sociais dela decorrentes.

2.1   BREVES CONSIDERAÇÕES SOBRE AS DROGAS

Atualmente, considera-se droga qualquer substância, natural ou sintética que, uma vez introduzida no organismo vivo, pode corromper uma ou mais de suas funções (ONU 2007). As substâncias psicotrópicas ou psicoativas operam no sistema nervoso central, provocando alteração de comportamento, temperamento e da capacidade cognitiva (WHO 1981, American Psychiatric Association 2015), sendo classificadas como depressoras, estimulantes e alucinógenas (Chaloult 1971). No entanto, o importante para compreender o processo pelo qual se construiu a ilicitude de muitas das substâncias psicotrópicas não é propriamente sua definição científica, nem mesmo a inerente capacidade de alterar, de algum modo, o comportamento humano, senão o discurso que se constrói em torno delas (Olmo 1990) e suas consequências que, "após um julgamento de valor, ganha a qualificação normativa de lícita ou ilícita mediante a criação de uma norma proibitiva" (Boiteux 2017, 185).

Como espécie, a humanidade apresenta uma propensão singular a procurar substâncias psicoativas e, não raro, de persistir em seu uso, não obstante os inerentes riscos (Iversen 2016). As drogas sempre acompanharam o homem, em todo lugar e tempo. Cada povo experimentou a sua própria, se tornando um fenômeno comum ao largo de toda existência humana. Na Europa Meridional, o vinho; na Europa Setentrional, a vodca e o uísque; na Ásia, o cânhamo e o ópio; na América do Sul, a coca e os alucinógenos; a busca pela embriaguez, natural ou química, ou por um estado artificial e concreto, é um fato universal. Com fins médicos, mágicos ou religiosos; no intuito de fugir da realidade ou enfrentar os problemas; por incapacidade de se relacionar ou por simples prazer; as drogas foram e são utilizadas (Escudero Moratalla e Frígola Vallina 1996).

Em todas as civilizações (ao menos nas que possuem registro histórico) a droga se fez presente. Na maioria delas, havia mais de um tipo de droga. Em todas elas havia o consumo de álcool.

2.1.1 Bebidas alcoólicas

As bebidas alcoólicas, que representam a mais antiga de todas as drogas recreativas (Iversen 2016), acompanham toda a história da civilização. O registro mais antigo sobre o consumo de bebida alcoólica data de 7000 a 7400 anos passados. Trata-se de um jarro de cerâmica, contendo resíduos de resina proveniente de vinho, descoberto em 1968 no Irã (McGovern, et al. 1996).

As pessoas utilizam o álcool por vários motivos, dentre eles por fazer parte da própria dieta (já foi um meio seguro para ingestão de água); para fins medicinais; em razão de seus efeitos relaxantes; por ter caráter afrodisíaco; como parte de rituais religiosos; com finalidades recreacionais e até mesmo como fonte de inspiração artística.

O consumo de bebidas alcoólicas está tão arraigado na cultura de todos os povos, que apenas 48% da população adulta[23] mundial nunca consumiu álcool. As Américas e Europa têm o menor índice de abstêmios, respectivamente 18,9% e 20,6% da população adulta (WHO 2014).

O fato de as bebidas alcóolicas estarem vinculadas à cultura de todos os povos foi preponderante para que essa droga resistisse às investidas de proscrição ou mesmo de regulação mais incisiva. As campanhas contra o consumo de álcool e demais drogas, presentes no final do século XIX e início do século XX eram muito semelhantes. Os mesmos argumentos morais lançados contra os narcóticos, foram usados em relação ao álcool.

---

[23] Assim considerada em razão daqueles que possuem a partir de 15 anos de idade.

No entanto, ao longo do tempo, as bebidas alcoólicas não sofreram os mesmos entraves jurídicos que as demais drogas.

David T. Courtwright (2002, 3309) explica esse fato, ao qual considerou como o "estatuto privilegiado do álcool", a partir do interesse econômico das nações ocidentais, que dominavam os assuntos econômicos e diplomáticos no mundo. Toma a França do início do século XX por exemplo, onde a indústria do álcool (produtores, varejistas, transportadores, fabricantes de cortiça *et coetera*) garantia a subsistência de, aproximadamente, cinco milhões de pessoas, treze por cento da população. Cita também a Rússia, cuja arrecadação com impostos decorrentes da indústria das bebidas alcoólicas equivalia a todo orçamento militar. O mesmo se verificava em todas as nações ocidentais e em muitos governos coloniais na África e Ásia. O ópio, por outro lado, foi gradualmente declinando em importância, sobretudo no império britânico. O comércio de ópio a partir da Índia e China restou mitigado no final dos séculos XIX e XX, o que minimizou a resistência da Grã-Bretanha em tornar tal substância regulada e, posteriormente, proscrita.

A produção de vinho, cerveja e bebidas destiladas representa uma das maiores indústrias mundiais, com vendas anuais (dados de 2015) no importe de mais de U$1 trilhão (Iversen 2016). Mas não se trata apenas da questão econômica: o álcool, assim como o cigarro, sempre fez parte da vida das figuras mais proeminentes, que realmente detinham o poder de decisão acerca de quais substâncias seriam nocivas ao convívio social e quais seriam absolutamente aceitáveis. O mesmo se diga quanto aos "formadores de opinião" – artistas, professores, jornalistas *et coetera*. Ou seja, a aceitação social do álcool relaciona-se mais com questões culturais, econômicas, fiscais e de exercício do poder; e menos em razão do seu *status* legal[24].

Atualmente, o consumo de bebidas alcóolicas representa grave risco social, contribuindo significativamente para o incremento nos índices mundiais de mortes, doenças e danos à saúde. Somente no ano de 2012, cerca de 3,3 milhões de pessoas faleceram em decorrência do consumo de álcool, 5,9% dos óbitos no mundo. Entre os homens, nesse mesmo ano, 7,6% das mortes foram atribuídas ao uso de álcool. Estima-se que, apenas em 2012, referida droga subtraiu 139 milhões de anos de vida humana, perdidos em razão da mortalidade prematura, bem como da diminuição do tempo de vida com saúde plena (WHO 2014).

Não obstante seus inerentes riscos, as bebidas alcóolicas firmam-se cada vez mais na cultura dos povos, associadas que são às mais diversas atividades sociais: da recreação, passando pela socialização, até rituais religiosos.

---

[24] Nesse sentido: "o tratamento mais liberal do álcool e do tabaco também reflete os hábitos pessoais de líderes influentes e celebridades. Historicamente, isto tem muitas vezes desmoralizado os ataques às drogas. Pedro 'O Grande' foi tutor no exterior das formas de tabagismo e revogou o embargo russo sobre o tabaco. A iniciação tabagista do Papa Bento XIII o fez tomar medidas parecidas dentro da igreja (o Vaticano abriu sua própria fábrica de cigarros em 1790). Assim, os vícios dos líderes ditaram os vícios oficiais, o corolário do diabo *de cujus regio, ejus religio* que, se não legalmente sancionados, eram pelo menos mais susceptíveis de ser tolerados. A campanha chinesa contra o ópio, por exemplo, fez menos progressos em áreas onde os próprios oficiais superiores a levaram. O uso pessoal de álcool e tabaco, bem como a cafeína, foi extremamente difundido entre os políticos ocidentais na primeira metade do século XX. A fotografia de Churchill, Roosevelt e Stalin sentados juntos em Yalta: definitivamente não era uma equipe na batalha contra o álcool e o tabaco. Harry Anslinger, que fumava e bebia Jack Daniels ('te anima em um dia ruim'), acabou com uma bengala e um balão de oxigênio. As classes profissionais dificilmente foram mais abstêmias, especialmente com relação ao tabaco. Enquanto Ministros, professores, empresários, industriais e *socialites* promoviam o fumo através de seu exemplo, Harvey Wiley queixou-se, 'o hábito não será considerado uma obliquidade moral'" (Courtwright 2002, 3366) (traduzido do inglês para o português).

2.1.2 A cannabis

Outra droga milenar é proveniente do cânhamo, natural das estepes do Turquistão, uma zona que corresponde hodiernamente às repúblicas da Ásia Central e Noroeste da China, onde ainda cresce em estado selvagem, principalmente entre o Cazaquistão e o Quirquistão, cobrindo aproximadamente 150 mil hectares. Esteve presente na cultura egípcia e assíria (Labrousse 2011), sendo utilizada pelo homem há seis mil anos para diversos fins, considerando-se, por isso, um cultivo valioso, multiuso, que proporcionava a produção de um potente fármaco e também óleo de cozinha, sementes comestíveis, forragem e fibras de cânhamo, matéria prima para fabricação de cordas, redes de pesca e têxteis para as massas chinesas, enquanto a seda era reservada para as roupas dos ricos (Courtwright 2002).

No continente asiático, a maconha foi integrada aos rituais do hinduísmo, posteriormente ao budismo, acompanhando este durante toda a sua fase de difusão. Nos séculos I e II, os romanos faziam uso do cânhamo para produção, em larga escala, das cordas utilizadas em seus navios (Labrousse 2011).

A partir do século VII, a expansão do islamismo desempenhou papel fundamental na propagação da *cannabis*, substância já então integrada à cultura mulçumana. Aliás, foram os mercadores muçulmanos que a introduziram em todo o Oriente Médio. Em seguida, a partir do século XI, a levaram para África Subsaariana e Marrocos (Labrousse 2011).

Não obstante, os islâmicos se relacionaram de forma contraditória com a *cannabis*, ora a associando a rituais distantes de seus dogmas, o que quase a conduziu à proscrição, ora sendo tolerada e largamente utilizada. Essa posição contraditória se deve, em parte, à sua associação com os *sufi gari*[25], que a utilizavam para fins místicos, os quais as autoridades ortodoxas viam com desconfiança. Apesar de tentativas esporádicas para suprimir o cultivo, em meados do século XVI, a produção dos canabinoides já se fazia bem estabelecida, especialmente no delta do Nilo. Logo após, os comerciantes árabes tiveram sucesso com a propagação da maconha ao longo da costa leste da África, de onde se expandiu para as regiões centrais e sul do continente. O uso desse psicoativo, em contraste com o do tabaco, floresceu entre os Khoikhoi, San e outros povos da África do Sul, bem antes do contato europeu (Courtwright 2002).

Na Europa Ocidental, foi condenada no século XV pela Igreja Católica, passando a ser marginalizada, em contraste a outras substâncias aceitas pela sociedade e religião, como o vinho e a cerveja (Labrousse 2011), o que não significou prejuízo à sua expansão no continente, nem corrompeu seu uso para outros fins.

A *cannabis*, em suma, teve grande propagação na maior parte do Velho Mundo, no tempo que Colombo e seus três navios, palmados com corda de cânhamo, partiram de Palos de La Fronteira, na manhã de 3 de agosto de 1492 (Courtwright 2002).

Nessa mesma perspectiva, no século XVIII, a expedição de Napoleão Bonaparte ao Egito contribuiu para popularizá-la entre médicos e escritores (Labrousse 2011). A Espanha a cultivou em suas colônias entre os séculos XVI e XIX (Courtwright 2002). Ainda no século XVIII, na Inglaterra, os sábios e curiosos a importavam da Índia. Assim, os britânicos introduziram na Jamaica sua cultura, buscando a extração das fibras do cânhamo. A partir de metade do século XIX, os escravos negros situados naquela ilha passaram a fazer uso da maconha para fins ritualísticos e recreativos (Labrousse 2011).

---

[25] Praticantes do sufismo, uma corrente mística e contemplativa do Islã, que prega uma relação íntima, direta e perene com Deus, através de cânticos, música e dança, o que é considerado prática ilegal pela sharia de vários países muçulmanos.

No Brasil, a *cannabis* chegou com os escravos angolanos que passaram a cultivá-la, após 1549, por entre as plantações da cana-de-açúcar, com a permissão dos *senhores,* seus 'proprietários'. Os angolanos a chamavam de *maconha.* Nesse contexto, alguns índios e mestiços passaram a utilizá-la para os mais diversos fins, de medicinais, recreativos e revigorantes à confecção de cordas e roupas. O Nordeste foi a região do Brasil que mais absorveu a *cultura da maconha* (Courtwright 2002).

Da Jamaica, a *cannabis* se inseriu no México, onde os camponeses lhe deram o nome *marijuana.* Do México, cruzou a fronteira e se instalou nos Estados Unidos da América no início do século XX, trazida por imigrantes provenientes daquele país e por marinheiros caribenhos (Labrousse 2011).

Com efeito, o hábito de fumar maconha se instalou nos Estados Unidos da América com a chegada de mais de um milhão de trabalhadores mexicanos, que adentraram pelo Sudoeste nas três primeiras décadas do século XX. Dezenas de milhares destes recém-chegados espalharam-se do Meio Oeste, trabalhando em construções, ferrovias, fábricas e moinhos, até a cidade de Chicago. Ao mesmo tempo a maconha se disseminava pelo Norte e pelo Leste de Nova Orleans, onde marinheiros caribenhos e sul-americanos a inseriram em 1910. A cultura do cigarro, que habituou os americanos a absorvem a droga por meio dos pulmões, facilitou a propagação do uso da maconha, já contando com uma oferta doméstica abundante. No Tennessee, os presidiários, sujeitos ao trabalho forçado, fumavam os pequenos ramos de flores secas, que cresciam ao longo da estrada. Os próprios detentos de San Quentin cultivavam sua maconha nos terrenos das prisões (Courtwright 2002).

Posteriormente, já tornada ilícita, a *cannabis* foi incorporada à cultura *hippie,* proveniente do movimento *beat* (Iversen 2016), na moda entre os intelectuais da década de 1950. A exposição dos *hippies* na mídia despertou o interesse dos jovens, sobretudo em razão do desencanto quanto à guerra do Vietnã, ao materialismo suburbano e à segregação. Referida droga, então, passou a ser um símbolo de rebelião, popular entre os estudantes universitários e de nível médio. Sua aceitação era tanta que, até o ano de 1979, cerca de 55 milhões de americanos já tinham experimentado alguma fórmula desse psicoativo. Dois terços dos indivíduos com idade entre 18 a 25 anos haviam consumido a *marijuana*. A partir dos Estados Unidos da América, rapidamente a droga se tornou um fenômeno mundial (Courtwright 2002).

Na atualidade, os canabinoides se apresentam em três formas distintas de psicotrópicos: a maconha, o haxixe e o óleo de haxixe. A primeira é extraída das folhas e flores secas da *cannabis* e sua concentração de THC[26] varia de 0,5% a 5%. O segundo se obtém da resina extraída das flores e inflorescências da mesma planta, tendo de 10% a 20% de concentração de THC. O último é extraído a partir da destilação da *cannabis* por solventes orgânicos, podendo chegar até oitenta e cinco por cento de concentração de THC.

Atualmente a maconha é a droga considerada ilícita mais consumida em todo o mundo, com cerca de 182 milhões de usuários (UNODC 2015). No entanto, conforme se pode observar nas próximas linhas, a maconha não apresenta os mesmos riscos inerentes à cocaína e aos derivados do ópio. Em primeiro lugar, trata-se de um psicoativo suave, do qual não decorre dependência física (Honório, Arroio e Ferreira da Silva 2006)[27], como nos opióides. Mesmo em relação à dependência psicológica, seu potencial é baixo, se comparada à cocaína e aos derivados do ópio; os danos decorrentes

---

[26] Abreviatura de seu princípio ativo, o Tetraidrocanabinol.

[27] Em sentido oposto, sobre diferenciar dependência psíquica e física: "a tradicional divisão das dependências entre física e psíquica denota concepção equivocada, legado cartesiano (filosofia da consciência) da cisão entre razão/consciência (*res cogitans*) e natureza/corpo (*res extensa*). Na atualidade é impossível pensar em dependências meramente físicas ou psíquicas, como se fosse uma mais grave que a outra e, portanto, com maiores possibilidades de controle pelo sujeito ou como se corpo e mente não conformassem todo integrado 'dependente' um do outro" (S. d. Carvalho 2007, 185).

do consumo são equivalentes aos apresentados pelo tabaco, perceptíveis no longo prazo.

2.1.3 O tabaco

O fumo de tabaco é o segundo meio mais popular de uso de drogas recreativas (Iversen 2016), atrás apenas do álcool. Apesar de alguns autores afirmarem sua presença no oriente antigo, sua origem mais reconhecida circunscreve-se à América. Os Maias foram os primeiros a utilizar folhas de tabaco para fumar e já o faziam há quatro mil anos (Corrêa de Carvalho 2007).

Quando os conquistadores espanhóis chegaram ao Novo Mundo em 1492, encontraram no que hoje é o Haiti, à época denominada Tabago (Corrêa de Carvalho 2007), um indígena que se dedicava a tragar com deleite a fumaça produzida por folhas dispostas em forma de cilindros, queimando em um de seus extremos (Alfonso Sanjuan e Ibañez Lopez 1992)[28]. Cristóvão Colombo levou a droga e o hábito de fumar para a Europa que, de lá, se expandiu rapidamente (Iversen 2016) para o resto do mundo.

Imaginando possíveis virtudes terapêuticas, os conquistadores da América Hispânica levaram sementes do tabaco à Europa, no início do século XVI. Os espanhóis também passaram a cultivá-lo na Prússia e Filipinas, de onde se expandiu até a China (Corrêa de Carvalho 2007).

Entre o final do século XVI e início do século XVII, os portugueses levaram o cultivo do tabaco à África Ocidental, juntamente com o milho,

---

[28] Em sentido semelhante: "Os europeus conheceram o tabaco em 1492, quando dois membros da missão de Colombo observaram os índios taínos utilizando folhas enroladas em grandes charutos de fumo. Contatos posteriores revelaram que índios também mastigavam e cheiravam as drogas, métodos de administração que um dia seriam utilizados por milhões de europeus" (Courtwright 2002, 288) (traduzido do inglês para o português).

feijão, batata-doce e outras culturas típicas do Novo Mundo. Entre 1590 e 1610, Portugal introduziu o tabaco na Índia, Java, Japão e na região do que hoje é o Irã. Da Índia se expandiu ao Ceilão, do Irã para a Ásia Central, do Japão à Coréia, da China para o Tibete e Sibéria, a partir de Java para a Malásia a Nova Guiné. Em 1620, o tabaco já era uma cultura global (Courtwright 2002).

Apesar de algumas medidas restritivas em determinados países, seu uso se estendeu rapidamente, especialmente na Europa. Depois, os governos trocaram sua atitude proibicionista por medidas de controle e taxação (Cortes Blanco 2002). Com a invenção da máquina de cigarros, em 1855, o consumo de tabaco cresceu abruptamente e a industrialização levou as empresas tabaqueiras a deter grande poder comercial, especialmente nos Estados Unidos, Europa Turquia e China (Corrêa de Carvalho 2007). Ironicamente, no início as empresas produtoras de cigarro anunciavam os benefícios do fumo para a saúde (Iversen 2016).

Mais que o álcool, o cigarro conquistou o *status* de imunidade em razão da cultura e dos interesses econômicos e fiscais das nações que detinham maior influência diplomática, de forma que sua proscrição nunca se fez presente, de maneira séria e efetiva, na agenda da comunidade internacional.

O impacto econômico do setor e a abrangência das operações conferiram a essa droga uma medida de imunidade. A industrialização em larga escala do cigarro expandiu o consumo, aprofundou a dependência e aumentou a rentabilidade. Tudo isso antes que os malefícios de seu uso fossem sugeridos ou provados. Somente nos Estados Unidos da América, no ano de 1964, o negócio do fumo envolvia mais de 70 milhões de fumantes, 2 milhões de acionistas, agricultores, operários, varejistas, editores, empresas de radiodifusão e outros que, de forma direta ou indireta, dependiam do cigarro (Courtwright 2002).

Com o cultivo e o consumo expandindo para os países em desenvolvimento, a participação econômica do tabaco cresceu progressivamente. Em 1983, a distribuição e produção mundial representavam 18 milhões de empregos em tempo integral. Calculando em número de membros das famílias dos trabalhadores, mais operários em tempo parcial e sazonais, cerca de 100 milhões de pessoas dependiam do cigarro para a sua subsistência (Courtwright 2002).

Assim, estima-se que, na metade da década de 1990, havia cerca de 1,1 bilhão de fumantes (um terço da população com mais de 15 anos), consumindo 5,5 trilhões de cigarros por ano (Courtwright 2002).

Segundo a Organização Mundial da Saúde (OMS), a cada ano, aproximadamente 6 milhões de pessoas morrem em decorrência do tabaco, incluindo 600 mil fumantes passivos. Além disso, centenas de bilhões de dólares anuais são contabilizados como prejuízos econômicos causados pelo consumo de cigarro (WHO 2011).

Alternativas regulatórias são viáveis, como a pesada taxação da produção e comercialização de cigarros (WHO 2015). Pesquisas sugerem que, somente na China, a elevação dos impostos sobre os cigarros, de forma que o tributo represente 75% do preço no varejo, evitaria cerca de 3,5 milhões de mortes decorrentes de seu consumo, entre os anos de 2015 e 2050 (Levy e Rodríguez-Buño 2014). Na França, seguidos e grandes aumentos de preço causaram o declínio no consumo de tabaco e, por consequência, de mortes por câncer de pulmão (Hill 2013, Beck, et al. 2011).

2.1.4 O ópio e seus derivados

Os opióides (naturais, semissintéticos ou sintéticos) se constituem a classe de drogas mais incompreendida pelo público em geral. O ópio é a seiva seca da vagem da semente da *papaver somniferum*, a papoula – "flor do prazer", para os sumérios na Mesopotâmia. É utilizada pela humanidade há seis mil anos, tanto para fins medicinais quanto recreativos. Os opióides abrangem tanto os derivados naturais do ópio (substâncias opiáceas), quanto os compostos sintéticos, como a meperidina e a metadona[29].

No que é pertinente ao uso medicinal, nenhuma substância proscrita tem tantas aplicações quanto os opióides. Dentre os naturais, pode-se citar o elixir paregórico (utilizado como antidiarreico e analgésico), a morfina[30]

---

[29] Sobre as características desse entorpecente e seus derivados, consigna Thomas C. Rowe (2006, 243): "essa substância já era conhecida há seis mil anos ou mais, amplamente utilizada na medicina e como substância recreativa, desde o tempo dos gregos antigos [...]. Em termos de medicina, nenhuma classe de droga tem sido mais útil do que a dos opióides. Os opióides naturais incluem o ópio em si e as essências do ópio (como paregórico ou láudano), a morfina e a codeína. Outros opióides incluindo a heroína, um opióide semissintético, composto pela junção de dois grupos de acetil com morfina, e opióides totalmente sintéticos, que compõem uma extensa lista. Esta inclui a hidrocodona, propoxifeno, metadona e os fentanilas. Os opióides têm várias propriedades que os tornam inestimáveis na medicina. Existem substitutos para estas substâncias mas, na verdade, nenhum deles funciona melhor ou é menos prejudicial do que os opióides. Os opióides têm três características que os tornam importantes para a área médica. Primeiro, são analgésicos maravilhosos e tendem a operar melhor em dores crônicas do que em dores agudas. Atuam de forma a reduzir a entrada sensorial da dor no cérebro e operam na resposta emocional à dor, tornando-a mais tolerável. A segunda propriedade: são antitussígenos, ajudam a reduzir a tosse. Em terceiro lugar, operam diretamente na parede intestinal para reduzir a atividade peristáltica (contrações rítmicas do músculo), tornando-os grandes auxiliares nos tratamentos para diarreia. Infelizmente, os opióides também são drogas viciantes, induzindo uma resposta fisiológica à sua utilização, capaz de induzir à dependência física e, por entorpecer a mente em situações difíceis na vida, produzem desejo psicológico. Assim, é no desejo de seu uso que se encontra o verdadeiro problema. Viciados têm um período de abstinência muito difícil, mesmo depois de terem conseguido superar uma dependência física, porque experimentam desejos psicológicos intensos por causa dos efeitos da droga. Esse mesmo mecanismo se movimenta no cérebro (ativação do receptor mu) que embota a dor produzindo esses desejos" (traduzido do inglês para o português).
[30] Especificamente quanto à morfina, historia David T. Courtwright (2002, 672): "é o principal alcaloide psicoativo do ópio. O farmacêutico alemão Friedrich Sertürner trabalhou no isolamento desta substância entre 1803-1805, publicando seus resultados em um pequeno artigo em 1805. O significado de sua pesquisa, em geral, não foi bem compreendido até que a publicação de artigo mais extenso no periódico Annalen der Physik, em 1817. A produção comercial começou quando Heinrich Emanuel Merck, fundador da dinastia farmacêutica, assumiu o projeto em 1827. Depois disso Sertürner voltou-se para outros projetos, entre eles a melhoria de armas de fogo militares. Um homem de muitos talentos, mas errático, que pode ter se tornado viciado em sua própria descoberta, Sertürner desvaneceu-se na obscuridade após sua morte em 1841, só tendo sua reputação respeitada durante a primeira Guerra Mundial, ocasião em que suas contribuições à química alcaloide foram amplamente reconhecidas, assim como foi indispensável o uso da morfina no tratamento de mutilados e feridos" (traduzido do inglês para o português).

(potente analgésico, do qual deriva a heroína) e a codeína (analgésico e antitússico). No entanto, sua administração se constitui risco ao paciente, uma vez que o ópio causa dependência física e psicológica.

A princípio produzida entre o Mediterrâneo ocidental e a Ásia menor, o ópio foi apreciado por todas as grandes culturas da Antiguidade: chinesa, egípcia, grega, romana *et coetera*. Os árabes, em razão de suas largas redes comerciais na Idade Média, tornaram essa droga conhecida nas mais longínquas regiões. Dessa forma, com a invasão dos árabes e dos persas islamizados, teve início a cultura da papoula na Índia, a partir do século IX. No auge do império mongol na Índia (1526 a 1707), a produção da papoula e a comercialização do ópio se tornam um monopólio do Estado. No século XVIII, reverteu-se ao controle da Companhia Inglesa das Índias Orientais. Esta, no intuito de aumentar seus lucros e financiar suas compras de chá e seda, passou a encorajar os chineses a consumi-lo (Labrousse 2011).

A maior parte do ópio no século XIX foi cultivada na Índia (incluindo o que hoje é o Paquistão), Pérsia (Irã) e Afeganistão. Grande parte da produção era destinada à China. Dentro desse contexto, por volta de 1839, o império chinês havia percebido que o vício em ópio era um problema de largas proporções. Assim, o imperador Tao Kuang ordenou regulamentação rigorosa contra a importação do ópio no país (Rowe 2006).

Tencionando a manutenção do negócio do ópio, a Grã-Bretanha declarou guerra à China (Labrousse 2011). O resultado dessa guerra, encerrada em 1842 e na qual sucumbiram os chineses, foi a cessão de Hong Kong para o controle britânico (Rowe 2006, Labrousse 2011).

A paz não foi duradoura, na segunda guerra do ópio, travada entre 1856 e 1860 sob os desígnios ocidentais, que exigiam expansão do mercado (Rowe 2006), da qual participaram os franceses (Labrousse 2011), os chineses foram novamente derrotados, pelo que restou legalizada a importação daquele estupefaciente.

No início do século XX, imbuídos pela ideologia de livrar seu país de influências estrangeiras, o governo chinês buscou proscrever a importação do ópio. Tropas foram novamente enviadas para a China e, mais uma vez, os chineses foram incapazes de competir com as forças armadas modernas. O comércio do ópio foi salvo pela terceira vez. Isso significou o fim, para todos os efeitos práticos, da Dinastia Ching. No entanto, a opinião pública tanto na Europa quanto nos Estados Unidos da América se voltou contra a política de forçar os chineses a aceitar um comércio de ópio que claramente não queriam. Assim, por volta de 1908, Grã-Bretanha e China transigiram no sentido de restringir o comércio da droga (Rowe 2006).

Estima-se que, no final do século XIX, mais de um quarto da população adulta masculina chinesa era viciada em ópio (Rowe 2006), configurando a maior intoxicação coletiva da história[31]. Referido flagelo somente foi erradicado após a chegada dos comunistas ao poder, em 1949 (Labrousse 2011).

Nos Estados Unidos da América, o uso de opióides também experimentou substancial aumento ao longo do século XIX, parte em razão do crescente número de imigrantes chineses, que trouxeram consigo o hábito de fumar ópio, parte em decorrência da incorporação dessa tradição pela população norte-americana. Deve-se considerar, ainda, que muitos se tornaram adictos em opióides por força iatrogênica – o vício resultava da própria prescrição médica (Rowe 2006). O uso constante de medicamentos derivados do ópio induzia a dependência.

E os profissionais da saúde, na época, sequer qualificavam tal fato como problemático, uma vez que os opióides ainda não eram considerados perigosos, nem se conheciam seus efeitos negativos. Aliás, os próprios médicos se constituíam no maior grupo de americanos a fazer uso dos

---

[31] Existem estudos no sentido de que esses números são superestimados e que o índice de usuários problemáticos seria ainda menor (Jay 2012).

opióides e, até a proscrição do ópio e derivados, nenhum estigma social maculava a imagem de seus dependentes (Rowe 2006).

Atualmente, existem 32,4 milhões de usuários de opióides no mundo, sendo 16,5 milhões de consumidores de opiáceos (UNODC 2015).

2.1.5   A coca

A folha de coca (*Erythroxylum coca*), um símbolo da divindade para os incas (Iversen 2016), ainda hoje é costumeiramente mastigada na América do Sul.

Seu cultivo continua praticamente um monopólio de três países andinos: Bolívia, Peru e Colômbia. Há aproximadamente 5 mil anos a coca está intimamente ligada à identidade dos nativos dos planaltos andinos, que a utilizam para fins medicinais, culturais, ritualísticos (Labrousse 2011) e como anoréxico.

Os colonizadores espanhóis, depois de terem qualificado a folha sagrada dos incas como "talismã do diabo", encorajaram sua produção ao perceberem seu efeito estimulante para o trabalho dos camponeses e dos mineiros nos territórios em que viriam a ser o Peru e a Bolívia. Já na Colômbia, onde, diferente destes, os índios representam hoje menos de 3% da população, as culturas de coca foram, até os anos 1970, reservadas apenas para consumo próprio (Labrousse 2011).

A cocaína foi isolada a partir das folhas de coca por Albert Niemann, em 1860. O cientista deu nome à substância e descreveu o processo de isolamento em seu trabalho de pós-graduação em Química na Universidade de Göttingen, Alemanha. Intitulada *Über eine neue organische Base in den Cocablättern* (Niemann 1860), rendeu-lhe oficialmente seu *philosophiae doctor*.

Dois anos depois, a companhia alemã Merck, sediada na cidade de Darmstadt, pioneira na produção de morfina, começou a produzir pequenas quantidades de cocaína, destinadas à venda, principalmente para pesquisadores (Courtwright 2002). A empresa também comercializou comprimidos, contendo cocaína, os quais teriam o condão de conferir uma qualidade ressonante à voz dos cantores (Iversen 2016).

A partir de então, seu uso espalhou-se gradualmente. Em 1963, o farmacêutico corso Angelo Mariani desenvolveu e patenteou uma infusão alcoólica de folhas de coca, que potencializava seu efeito. O *Vinho Mariani* alcançou projeção internacional a partir de campanha publicitária que ressaltava seus efeitos benéficos para saúde e rejuvenescimento. Até mesmo o Papa Leão XIII apreciava a bebida, sendo, inclusive, uma das personalidades vinculadas à propaganda desse produto[32].

Inspirada no sucesso do *Vinho Mariani*, surgiu em 1885 a *Coca-Cola*, que continha em sua fórmula álcool, extrato de coca e cafeína. Nos dias atuais, apenas a cafeína continua presente na bebida[33].

Com a descoberta da cocaína na segunda metade do século XIX, os grandes laboratórios farmacêuticos alemães e holandeses passaram a

---

[32] "[...] um farmacêutico de Córsega, Angelo Mariani, patenteou uma preparação de extrato de coca e vinho de Bordeaux. Promovido por uma campanha voltada à juventude e à saúde, com endosso de celebridades, o vinho Mariani alcançou sucesso internacional como uma bebida tônica. Em 1884, a empresa tinha diversificado a fabricação de outros produtos de coca, incluindo licores, pastilhas e chá Mariani, uma infusão de coca que ajudou Ulysses S. Grant a completar suas memórias antes de sucumbir ao câncer. O sucesso dos produtos da Mariani inspirou imitações, dentre elas a Coca-Cola e incentivou a investigação do potencial terapêutico da planta" (Courtwright 2002, 876) (traduzido do inglês para o português).

[33] Sobre a origem da *Coca-Cola* e suas transformações ao longo do tempo, esclarece Antonio Escohotado (2002, 458-459): "Una de las más populares entre las primeras — que acababa de sustituir la cocaína por cafeína en su composición — había sido la Coca-Cola, de la cual cabe decir unas palabras. El origen del producto fue un boticario de Georgia, J. S. Pemberton, que vendía en su tienda, a título de medicamento, un licor básicamente pensado para el dolor de cabeza y fines tónicos. Registró en 1885 el producto, amparándose bajo la marca *French Wine of Coca, Ideal Tonic,* con la evidente intención de aprovechar el surco abierto por el Vino Coca Mariani, aunque con la inexactitud de indicar en el nombre coca y no cocaína. Un año más tarde — cuando empezaban a alzarse voces pidiendo la Ley Seca — realizó modificaciones decisivas, suprimiendo el alcohol, añadiendo extracto de nuez de cola (que contiene cafeína) y esencias de agrios para realzar el gusto. Teniendo ya una amplia clientela local, comenzó a anunciar el producto como «la bebida de los intelectuales y los abstemios», y en 1885 sustituyó el agua ordinaria por agua gasificada. Acababa de consolidarse la Coca-Cola propiamente dicha, cuyo éxito permitió a su inventor vender la patente en 1891 a otro boticario, A. Grigs Candler, fundador de la Coca-Cola Company".

importar significativas quantidades de folhas de coca provenientes das plantações existentes no Peru e na Bolívia (Labrousse 2011).

Apenas em 1890 alguns aspectos negativos da cocaína começaram a ser investigados (Rowe 2006) – seu potencial de vício logo ficou evidente (Iversen 2016). O uso abusivo de cocaína passou a ser um problema relacionado às grandes cidades: dos punguistas em Montreal às prostitutas do Montmartre, em Paris, passando pelas atrizes do West End, em Londres, e os universitários de Berlin, que se desfaziam de tudo para satisfazer a dependência (Courtwright 2002).

Além do potencial de dependência que lhe é inerente, hoje se sabe que referida droga tem o condão de produzir grave reação paranoica, indistinguível de um estado psicótico resultante de um transtorno mental funcional, podendo demorar semanas (após a descontinuação do uso) até o retorno ao estado normal (Rowe 2006).

No entanto, a cocaína já havia se tornado popular no final do século XIX, despertando o interesse de vários pesquisadores, inclusive Sigmund Freud (1884), que a partir de observações em terceiros e da própria experiência com a droga, professou otimismo sobre o seu potencial para combater a debilidade nervosa, indigestão, caquexia, dependência da morfina, alcoolismo, asma crônica e impotência. O autor realizou uma abrangente revisão da literatura existente sobre a droga, demonstrando entusiasmo quanto a sua utilização[34].

---

[34] "Sigmund Freud, no aclamado artigo intitulado 'Über Coca', de 1884, fez uma corajosa revisão da literatura existente sobre a droga. Relatou a utilização perene de coca como adjuvante para o trabalho indígena e os resultados promissores a partir de sua própria experiência e da experiência de terceiros, demonstrando otimismo sobre seu potencial para compensar a debilidade nervosa, indigestão, caquexia, dependência da morfina, alcoolismo, asma crônica e impotência (os cocaleiros andinos supostamente sustentava um alto grau de potência na idade avançada). Freud sugeriu também o uso da cocaína como anestésico local. Para seu pesar, não alcançou a confirmação. Carl Koller ganhou fama internacional quando, um pouco mais tarde, em 1884, demonstrou a habilidade da cocaína para anestesiar a córnea. Numa época em que a remoção de catarata foi comparada a uma agulha em brasa no olho, a descoberta foi uma dádiva divina. Outras demonstrações das propriedades anestésicas da cocaína, incluindo o bloqueio espinhal, logo se seguiram" (Courtwright 2002, 888) (traduzido do inglês para o português).

No início do século XX, a Holanda promoveu o cultivo da coca em Java, colônia que, em alguns anos, se tornaria o maior produtor mundial. Na mesma época, o Japão passou a explorar a cultura da coca em Taiwan. Dessa forma, as produções asiáticas permitiram à indústria farmacêutica alemã, holandesa e japonesa responder, entre os anos de 1910 e 1940, à primeira grande demanda por consumo de cocaína verificada naquela época no mundo inteiro (Labrousse 2011).

Com a proscrição mundial da cocaína, alcançada a partir de três convenções internacionais realizadas entre 1946 a 1961, Colômbia e Bolívia passaram à condição de protagonistas do comércio ilícito global dessa substância, desde a década de 1970. Europa Ocidental e Estados Unidos da América se tornam os principais mercados consumidores.

Nos anos de 1980 surgiu o *crack*, mistura da pasta-base da cocaína com bicarbonato de sódio. Mais barato e potente que esta, referido psicoativo rapidamente se popularizou no extrato social mais pobre dos Estados Unidos da América. Nesse sentido:

> A cocaína nunca vendera bem no gueto: era cara demais. Isso antes da invenção do crack. O novo produto se mostrou ideal para usuários de baixa renda. Por demandar uma porção tão ínfima de cocaína pura, uma dose de crack custava uns poucos dólares. Seu intenso 'barato' tomava o cérebro em apenas alguns segundos – e passava rápido, levando o usuário a querer mais. Desde o início, o crack estava fadado a um enorme sucesso. (Levitt e Dubner 2005)

Atualmente, existem cerca de 17 milhões de usuários de cocaína no mundo (UNODC 2015).

2.1.6 O ácido lisérgico

O LSD, abreviatura do termo alemão *Lysergsäurediethylamid* (dietilamida do ácido lisérgico), foi descoberto acidentalmente pelo químico suíço Albert Hofmann, em 1938, no Laboratório Sandoz, situado em Basel, Suíça. Trata-se de um composto cristalino proveniente do fungo *Claviceps purpurea*, presente no centeio.

Embora seja ministrado em doses muito pequenas, entre 50 e 100 microgramas (o que o torna praticamente atóxico), o LSD é o alucinógeno mais potente já conhecido pelo homem, provocando ilusões, aumento da percepção sensorial, paranoia, contrafação na noção temporal e espacial, êxtase, euforia, pânico, angústia e, até mesmo, psicose. Os efeitos podem durar de 8 a 12 horas (Hofmann 2005).

Não existe qualquer relato de óbito diretamente decorrente do uso dessa substância. No entanto, estudos científicos mostram que a psicose (transitória, ou mesmo crônica) é um importante efeito associado ao LSD, ocorrendo de 0,08% (Cohen 1960) a 0,9% dos usuários (Malleson 1971).

2.1.7 Outras drogas ilegais

Não obstante o esforço internacional no combate à proliferação das drogas que permeou todo o século XX, sobretudo em suas três últimas décadas, ao mesmo tempo em que as drogas convencionais experimentaram progressiva popularização, novas drogas foram apresentadas à humanidade, sendo rapidamente incorporadas na cultura atual. À título de exemplo, pode-se citar o *ecstasy*, a mescalina e as metanfetaminas.

O *ecstasy* tem como princípio ativo o MDMA[35], registrado pela indústria farmacêutica alemã Merck, em 1919, como redutor de apetite. Trata-se de um psicoativo, agindo diretamente no cérebro do usuário, causando euforia, sensação de bem-estar e alterações da percepção sensorial. Passou a ser usado com fins recreativos a partir de 1970, nos Estados Unidos da América, sendo proscrito naquele país no ano de 1985.

Estima-se que, somente na Europa, 7,5 milhões de jovens com idade entre 15 e 34 anos, o que corresponde a pouco mais de 5,5% dessa estratificação, já experimentaram *ecstasy* (Fletcher, et al. 2010).

As metanfetaminas são drogas estimulantes do sistema nervoso central, tendo a característica de tornar seus usuários dependentes a partir de poucas administrações. Seus principais efeitos são a euforia e intensificação das emoções, da percepção sensorial e do apetite sexual.

A mescalina é um alucinógeno natural proveniente do cacto peiote (*Lophophora williamsii*). Embora tenha sido isolada pela primeira vez em 1896 e já conhecida de muitas tribos pré-hispânicas, tornou-se largamente utilizada apenas a partir da década de 1960. As alucinações constituem seu efeito mais significativo.

Referidas drogas somam-se àquelas que tradicionalmente já ocupavam espaço relevante nos costumes dos povos e no cotidiano de seus indivíduos, estimando-se que 246 milhões de pessoas, ou seja, 1 em cada 20 com idade entre 15 e 64 anos, usaram ao menos uma droga ilícita no ano de 2013. Desses, 27 milhões são considerados usuários problemáticos (UNODC 2015), ou seja, desenvolveram problemas relacionados ao consumo ilícito de drogas, como o vício, doenças delas decorrentes, atos de violência *et coetera*.

---

[35] Metilenodioximetanfetamina.

2.2 A GUERRA COMO PRINCÍPIO, MEIO E FIM

A denominada *guerra contra as drogas* traduz-se numa campanha de proibição e intervenção militar internacional empreendida pelo governo dos Estados Unidos da América, com o auxílio de diversos outros países, tendo como objetivo declarado definir e reduzir o comércio ilegal de drogas (Cockburn e St. Clair 1998). Sua principal frente é a criminalização do uso e do comércio de substâncias psicoativas consideradas ilícitas.

Na verdade, a *guerra às drogas* no âmbito internacional é a própria história do combate às substâncias psicotrópicas, promovido pelos Estados Unidos da América, a partir do sentimento moral vigente naquela sociedade, embora os resultados dessa luta sejam sentidos no mundo inteiro.

Esta iniciativa inclui um conjunto de políticas públicas para as drogas, elaboradas pelo governo norte-americano, destinadas a desencorajar a produção, distribuição e consumo ilegais de drogas psicoativas. A própria expressão *guerra às drogas* foi utilizada pela primeira vez em 1971 pelo então presidente daquele país, Richard Nixon, sendo, mais tarde, popularizada pela imprensa (Dufton 2006).

As drogas foram redefinidas como ameaça à segurança nacional, impondo-se a necessidade de uma postura fundada, sobretudo, na repressão doméstica e exportação de políticas públicas para os demais países (Woodiwiss 2005), pelo que declarou Richard Nixon (Nutt 2012), solenemente, ser o abuso de drogas o inimigo público número um dos Estados Unidos da América, cujo combate e derrota deveriam se estabelecer por meio de uma nova ofensiva total.

Não se pode negar, também, que a *guerra contra as drogas* represente mais uma forma de exercício do poder hegemônico norte-americano sobre a comunidade internacional[36], na medida em que acabou por ditar padrões legislativos e procedimentais quanto ao combate às substâncias consideradas ilícitas[37].

Pode-se afirmar que a *guerra contra as drogas* se apresenta, historicamente, em três fases distintas: 1) a fase eminentemente moral, em que o combate às drogas é tomado como *princípio*; 2) a fase objetiva, na qual a *guerra às drogas* é tida como *meio* para solucionar os problemas relacionados às substâncias psicoativas; e 3) a fase bélica, onde a *guerra às drogas* passa a ser um *fim* em si próprio.

Embora tenha o argumento moral fundamentado as três fases, na primeira, além de base, se apresentava como objetivo. O combate às drogas, na fase inicial, tencionava proteger a ética ameaçada pelo padrão desviado do consumo de drogas.

2.2.1   A guerra como princípio

Não obstante a expressão *guerra às drogas* tenha sido cunhada em 1971, por Richard Nixon, as políticas implementadas em sua administração, consubstanciadas no *Comprehensive Drug Abuse Prevention and Control Act of 1970,* representavam um desenvolvimento das políticas de proscrição

---

[36] Segundo Mike Ruppert (Klotter 2001, 59): "não há nenhuma guerra contra as drogas e nunca haverá ... porque a chamada guerra às drogas não é sobre drogas. Tem a ver com dinheiro. É também sobre o poder. E é sobre raça" (traduzido do inglês para o português).

[37] Nesse sentido, o "interesse, então, pela matriz proibicionista estadunidense se deve à hegemonia que ela tomou nas definições das políticas públicas e para o substrato de concepções sobre as drogas, que também influenciam o Brasil. Sobretudo após a 2ª Guerra Mundial, com o início da Guerra Fria (1947-1989), já no marco de relações internacionais intermediadas pelas Nações Unidas sobre o tema, ocorre uma radicalização do proibicionismo às drogas. Nesse período, o Brasil, sob a Ditadura Militar (1964 a 1984), ofereceu o território profícuo para o espessamento da estrutura repressiva às drogas no país. Trata-se de um consenso observado na literatura crítica da área identificar o protagonismo estadunidense como força motriz para a produção de um estatuto médico-jurídico da droga, no século XX, que delimitou fronteiras rígidas entre substâncias que passaram a ser tomadas como 'legais' e outras 'ilegais', edificando-se um eixo produtor de uma política externa estadunidense agressiva para a questão e uma tendência repressiva nas políticas sociais públicas nacionais" (Lima 2009, 22/165).

das drogas nos Estados Unidos da América, iniciadas em 1906, com a promulgação da *Pure Food and Drug Act*. Antes, porém, como antecedente social e histórico,

> Na segunda metade do século XIX, a mentalidade proibicionista se difundiu em vários campos da sociedade civil norte-americana. Em 1869, foi fundado o Partido Proibicionista. Surgiram diversas sociedades e ligas, como a Sociedade Nova-Iorquina para Supressão do Vício (1868), a Liga das Senhoras Cristãs pela Sobriedade (1873) e as Ligas *Antissaloon* (1893). Nas universidades, entidades como a Federação Científica pela Sobriedade (1879) foram criadas para estudar o problema e propor soluções com bases acadêmico-científicas. Editoras e jornais dedicados exclusivamente ao tema pautaram a discussão, que ganhou dimensão nacional, acerca da necessidade de banir o consumo do álcool do país. Além disso, o movimento soube se articular com outros movimentos sociais em ascensão, como a luta feminina pelo sufrágio universal e as campanhas antitruste. (Ribeiro 2013, 24)

O nascimento do *Proibicionismo*, como sistema político, se deu no estado de Ohio, a partir de uma aliança entre as igrejas locais, cuja plataforma previa o fim do comércio de álcool (negócio associado ao jogo, prostituição e dança, em tudo oposto ao pensamento puritano) por julgá-lo a causa da degradação moral e física que acreditavam ter acometido o país (Ribeiro 2013).

Criadas as bases sociais, tornou-se consenso entre os autores identificar o *Pure Food and Drug Act of 1906* como o primeiro grande marco nacional da intervenção do Estado sobre o comércio e o consumo de drogas. A partir desta lei, o governo iniciou um controle público para coibir a circulação de produtos adulterados ou que representassem risco à saúde, tornando cogente que medicamentos e alimentos possuíssem discriminação de sua composição (Lima 2009).

Em referida lei, não havia propriamente uma proibição, nem mesmo a previsão de políticas públicas voltadas ao combate a determinadas substâncias. No entanto, o governo norte-americano a insinuou, pela via regulatória, fundada no discurso de proteção ao cidadão comum, ao legalizar a existência de substâncias já largamente utilizadas. Mesmo protegendo os consumidores, na medida em que obrigava o fornecimento de informações sobre pureza, por exemplo, inaugurou uma postura intervencionista inédita na vida do cidadão americano. A tradição liberal do livre comércio em torno das substâncias foi exposta, pela primeira vez, a uma norma que não criminalizava, mas que punha sob controle do Estado as drogas mais difundidas naquele país, atingindo o cidadão[38], ainda que pela via indireta (Rodrigues 2017).

Enquanto isso, no plano internacional, em 1909, a Conferência de Xangai foi realizada com a representação de treze países para tratar do problema do ópio indiano, utilizado em larga escala na China.

Sobre a Conferência de Xangai, Rowe (2006), embora reconhecendo a natureza de *vitrine política* do evento, afirma que o intuito era realmente proibir a importação e o uso do ópio para fins não medicinais. Ressalta ainda a preocupação, já àquela época, debatida na conferência, de que a proibição trouxesse efeitos colaterais à sociedade norte-americana[39].

---

[38] É que "Atolondradamente aceptamos que el estado 'nos prescriba nuestra medicina y nuestra dieta' como si ejerciese su deber ilustrado, garantizándonos nuestro 'derecho' a la salud – en vez de rechazarlo como un torpe expolio de nuestro derecho a nuestros cuerpos y a las drogas que deseemos" (Szasz 2001, 26).

[39] "O ano de 1909 trouxe o primeiro regulamento federal de psicotrópicos. O presidente Theodore Roosevelt exortou a Conferência do Ópio de Xangai à ajudar ostensivamente o Império chinês a lidar com seu problema de abuso do ópio. Até certo ponto, isso pareceu representar apenas uma política de boa-vizinhança. O ato foi debatido e reproduzido na Public Law 221, enquanto a Conferência de Xangai se desenvolvia em fevereiro de 1909. Era 'uma lei para proibir a importação e o uso do ópio para outros fins que não os medicinais'. Em outras palavras, sua finalidade era evitar a importação de ópio para uso em antros de ópio. O debate sobre o projeto de lei (HR 27427) foi notavelmente breve. O projeto de lei foi introduzido por Sereno Payne, de Nova York, na Câmara dos deputados. Uma rápida aprovação foi necessária para que se pudesse fortalecer e então poder lidar com a Conferência de Xangai e suas recomendações. As únicas verdadeiras objeções ao projeto de lei em questão não foram em relação à proibição do uso ópio nos Estados Unidos, mas se esta proibição poderia ter consequências inesperadas. No sentido em que hoje só pode ser descrito como ironicamente previsível, o representante Warren Keifer, de Ohio, mostrou-se preocupado com a possibilidade do projeto de lei ter o efeito de promover a produção de ópio nos Estados Unidos. O representante Joseph Gaines, da Virgínia Ocidental, sugeriu que poderia estimular importações ilegais (isto é, um mercado negro). No final, estes argumentos não foram suficientes e a lei foi aprovada sem oposição" (Rowe 2006, 362) (traduzido do inglês para o português).

Em 1911, ocorreu a Primeira Conferência Internacional do Ópio, em Haia, da qual resultou a Primeira Convenção Internacional do Ópio de 1912, no ano seguinte, que regulamentou a produção e a comercialização da morfina, heroína e cocaína. Poucos anos depois, surgiu a primeira lei dos Estados Unidos da América a, na prática, efetivamente restringir a distribuição e uso específico de certas drogas, intitulada *Harrison Narcotics Tax Act* (1914), que regulamentava e tributava a produção, importação e distribuição de opióides e derivados de cocaína, criminalizando o comércio e a prescrição contrária ao regulamento. Tal norma conferia ao Estado a atribuição de decidir 'cientificamente' quais substâncias se constituíam perigosas e, por isso, mereceriam controle rigoroso do dispositivo burocrático e quais seriam inofensivas, podendo ser livremente negociadas e consumidas. Instaurava-se a obrigatoriedade da receita médica para a aquisição de medicamentos cujos ingredientes foram rotulados como nocivos, sobretudo os derivados do ópio e cocaína (Rodrigues 2017). Os médicos podiam prescrevê-las normalmente como tratamento de determinadas doenças, mas não podiam indicá-las a quem já era dependente.

Embora fossem drogas disseminadas por todas as classes sociais e etnias, era lugar comum identificar o uso da cocaína aos afrodescendentes do Sul daquele país e o ópio e seus derivados aos trabalhadores imigrantes chineses. Corriqueiro também que grupos puritanos e higienistas associassem tais substâncias a comportamentos violentos e perigosos, praticados sobretudo contra a maioria branca. Instaladas estavam, portanto, as bases étnicas e morais para proscrição.

No entanto, no cenário internacional, até setembro de 1910, o problema das drogas era circunscrito ao problema do ópio. Tinha-se, na verdade, um conflito geopolítico entre Estados Unidos da América e Inglaterra em torno da questão da comercialização do ópio, em sua forma bruta, especificamente em relação ao lucro da atividade e o estilo político de lidar com o Extremo Oriente – o tradicional colonialismo de um lado, o capitalismo moderno de outro. A discussão, então, cingia-se ao controle internacional da substância, enquanto matéria prima. E a Conferência de Xangai, no ano anterior, havia se configurado em uma grande derrota para Inglaterra, tanto no campo mercantil, quanto em relação a sua imagem na comunidade internacional, abalada em razão da insistência de manter um comércio que passava a ser repudiado. Tencionando mitigar e dividir os danos que havia sofrido em Xangai, a Inglaterra aceitou participar da Primeira Conferência Internacional do Ópio, em Haia, que aconteceria em 1911, mas impôs que o debate não ficasse circunscrito ao ópio em sua forma bruta, senão também às substâncias que lhe são derivadas e outras drogas. Nesse contexto, em setembro de 1910 a cocaína foi pela primeira vez introduzida no discurso internacional sobre o controle de ópio – e essa inserção partiu da Inglaterra (Scheerer 1993a).

A Alemanha era o principal rival econômico da Inglaterra na Europa e, também, o maior produtor e exportador de cocaína nos anos que antecederam à Primeira Guerra Mundial. Além disso, tinha uma indústria farmacêutica mais avançada que a inglesa e uma ampla produção de morfina, derivada do ópio. Assim, antes da realização da Primeira Conferência Internacional do Ópio de 2011, em Haia, a Inglaterra passou a exigir de todos os membros da conferência que estudassem a questão da produção e tráfico da morfina e cocaína, de forma a se comprometerem, desde logo, com o princípio de uma legislação rigorosa contra o comércio dessas substâncias. A partir dessa estratégia, a Inglaterra conseguia, em um único ato, dividir o ônus político do debate com outros países, àquela época contrários a proibição da cocaína e morfina, além de prejudicar os interesses econômicos da Alemanha. Ou seja, "o estigma sobre o comércio do ópio, que recaía exclusivamente sobre a Inglaterra, transferia-se para as nações concorrentes e seus produtos" (Scheerer 1993a, 176).

Não obstante os esforços da Holanda na Primeira Conferência Internacional do Ópio (1911), que defendia ser mais racional uma política regulatória que a postura proibicionista, a "improvisada ação diplomática alemã não conseguiu muito em relação aos interesses do seu país, mas o suficiente para enfurecer diversas delegações e denegrir bastante a imagem alemã durante a realização da conferência de Haia" (Scheerer 1993a, 180). A Inglaterra, assim, alcançava seus dois objetivos: impor prejuízo aos seus rivais econômicos (Alemanha, sobretudo) e dividir o estigma que lhe foi imposto na Conferência de Xangai, em 1909. No entanto, o efeito prático mais importante foi inaugurar, no plano internacional, o combate às drogas de um modo geral, antes circunscrito à questão do ópio.

Assim, firmou-se a possibilidade da proscrição da cocaína, por força da Primeira Conferência Internacional do Ópio (1911), da Primeira Convenção Internacional do Ópio (1912) e, no plano interno dos Estados Unidos da América, do *Harrison Narcotics Tax Act of 1914*.

O tratamento jurídico dirigido ao ópio e cocaína pelo *Harrison Narcotics Tax Act of 1914*, no plano interno dos Estados Unidos da América, com efeito, teve nascedouro na base moral e puritana de sua sociedade, configurando o marco inicial do reconhecimento ao Estado para controlar, por meio da articulação entre medicina, direito e Tesouro Nacional, as práticas relacionadas ao uso do ópio, às folhas de coca, seus sais, derivados ou preparados (Lima 2009). Embora tivesse caráter comercial e tributário, seu objetivo principal transcendia o interesse de regulamentação e taxação – configurava verdadeiro esforço para diminuir o consumo de drogas e seu livre trânsito. O argumento ético era o cerne da proscrição então inaugurada.

Seguindo o padrão estabelecido pelos Estados Unidos da América, quanto à criminalização do ópio e da cocaína, o Brasil, em 6 de julho de 1921, por força do Decreto 4.294 (Brasil 1921), estabeleceu penalidades para os transgressores na venda de cocaína, ópio, morfina e seus derivados, determinando a criação de estabelecimentos especiais para internação dos intoxicados pelo álcool e "substâncias venenosas", além de instituir normas processuais em razão dos crimes e infrações administrativas criadas em referido diploma legal. Assim, vender, expor à venda ou ministrar "substâncias venenosas", sem legítima autorização e sem as formalidades prescritas nos regulamentos sanitários atraía a aplicação de multa. No entanto, se a "substância venenosa" tivesse "qualidade entorpecente, como o ópio e seus derivados; cocaína e seus derivados", a conduta se configuraria crime, com pena de um a quatro anos de prisão (Brasil 1921, art. 1o.). O que fundamentava a criminalização, portanto, não era o potencial lesivo de cada droga, mas simplesmente seu caráter psicotrópico.

Voltando ao plano interno dos Estados Unidos da América, o passo seguinte foi criminalizar o álcool, integrado à cultura dos povos desde tempos remotos. Pouco tempo depois da investida contra cocaína e ópio, a Décima-oitava Emenda à Constituição dos Estados Unidos da América (US Constitution, amend. 18 1919) estabeleceu a proibição de bebidas alcoólicas naquele país, declarando ilegais sua produção, transporte e venda. Rejeitada apenas pelos Estados de Connecticut e Rhode Island, foi ratificada pelos demais Estados Federados em 16 de janeiro de 1919, entrando em vigor em 17 de janeiro de 1920. Na sequência, ainda em 1919, os Estados Unidos da América aprovaram a *National Prohibition Act* (1919), também conhecida por *Volstead Act*, que além de proibir, passou a criminalizar a venda, a fabricação e o transporte de bebidas alcoólicas em todo o território americano.

Inaugurava-se, assim, o período da Grande Proibição, modelo que, na promessa dos seus partidários, suprimiria o vício e restituiria a dignidade e a retidão moral aos cidadãos norte-americanos. Referida lei representava, além da vitória dos segmentos sociais puritanos, a consagração do terapeutismo, promovido pelo Estado, com o controle e a ingerência sobre o comportamento individual e coletivo. Como decorrência direta do que se convencionou chamar de Lei Seca, surgiu oficialmente o crime organizado nos Estados Unidos da América. O arcabouço legal que estaria abrigando a nação contra os males do vício, fomentava também o livre desenvolvimento de atividades criminosas. A ilegalidade tornou possível o fortalecimento e a prosperidade das máfias americanas (Rodrigues 2017).

Até mesmo Albert Einstein (2007), que conheceu esse contexto histórico de proscrição, no ano em que foi agraciado com o Prêmio Nobel de Física (1921), posicionou-se de forma incisiva acerca dos perigos decorrentes de uma lei rígida, cujo cumprimento não pode ser imposto, da qual, por isso mesmo, resultava o crescimento da criminalidade. Segundo o físico alemão, a credibilidade do governo foi consideravelmente abalada pela Décima-oitava Emenda à Constituição dos Estados Unidos da América, assim também em razão da *National Prohibition Act of 1919*:

> The prestige of government has undoubtedly been lowered considerably by the Prohibition law. For nothing is more destructive of respect for the government and the law of the land than passing laws which cannot be enforced. It is an open secret that the dangerous increase of crime in this country is closely connected with this. (Einstein 2007, 40-41) [40] [41]

Após 13 anos de vigência, a proscrição, quanto às bebidas alcoólicas, foi abolida em 5 de dezembro de 1933, com a entrada em vigor da Vigésima-primeira Emenda à Constituição dos Estados Unidos da América (US Constitution, amend. 21 1933), que revogou a Décima-oitava Emenda.

Na verdade, na década de 1930, a política externa norte-americana para o controle das drogas experimentou uma composição aparentemente contraditória e irônica. Enquanto, no plano interno, os Estados Unidos da América reconheciam a falência do modelo proibicionista para a produção

---

[40] "O prestígio do governo, sem dúvida, foi consideravelmente abalado em razão da *Prohibition law*. Nada é mais destrutivo ao respeito do governo e da lei do que a aprovação de normas que não podem ser impostas. Isto é um tipo de segredo aberto, que o perigoso aumento da criminalidade neste país está intimamente ligado a esse fato" (traduzido do inglês para o português).

[41] O pensamento de Albert Einstein não difere daquele esposado por Beccaria (2001, 675), segundo o qual "vereis crescerem os abusos à medida que os impérios aumentam. Ora, como o espírito nacional se enfraquece na mesma proporção, o pendor para o crime crescerá em razão da vantagem que cada um descobre no abuso mesmo; e a necessidade de agravar as penas seguirá necessariamente igual progressão".

e consumo de bebidas alcoólicas (apenas para esse tipo de substância), no âmbito das relações internacionais se intensificou o combate às drogas com origem em países de economia periférica ou de alguma forma vinculadas à industrialização nos Estados europeus, com os quais desenvolviam forte disputa comercial.

As iniciativas transnacionais de controle de determinadas substâncias repetiam a nova divisão internacional do poder, que se fortalecia com a consolidação da liderança mundial pelos Estados Unidos da América, de forma particular, anunciado as bases dessa divisão no âmbito das mercadorias psicotrópicas: as consideradas legais, inerentes à cultura dos países hegemônicos (álcool, tabaco, por exemplo), e as ilícitas, com origem nas tradições de Estados menos influentes no campo das relações internacionais (Lima 2009).

Nesse contexto histórico, em 1935, o presidente Franklin D. Roosevelt, apoiou publicamente a adoção, pelos demais entes da federação, da *Uniform State Narcotic Drug Act*, sancionada um ano antes, cujo objetivo consistia em uniformizar, no âmbito interno, a proscrição das drogas, consideradas psicoativas (justamente aquelas não vinculadas à cultura norte-americana), em todos os Estados americanos. O argumento ético dava tônica ao discurso.

Paralelamente à crescente proibição doméstica, os Estados Unidos da América, que desde o início do século XX desempenham papel central nos acordos e organizações internacionais que tratam da questão das drogas e do narcotráfico (Woodiwiss 2005), avançavam na proscrição internacional.

Assim, confirmando seu protagonismo e liderança no combate às substâncias psicoativas, impuseram sua ideologia na Conferência de Genebra de 1931, conseguindo dos Estados participantes (com exceção de alguns poucos países europeus) o compromisso de tomarem as providências contra a disseminação do vício, no âmbito interno de cada um deles.

Nesse contexto, em 1937, a *Marihuana Tax Act* (1937) foi aprovada. O uso pessoal e terapêutico do cânhamo continuava permitido. Ironicamente, a lei estabelecia um imposto simbólico, a partir de US$1,00, por qualquer atividade comercial ou medicinal remunerada do cânhamo, ao passo em que previa multa US$2.000,00 e/ou prisão de 5 anos por qualquer violação aos seus preceitos ou ao seu regulamento que, por sua vez, apresentava-se extremamente complexo e invasivo à privacidade. Sempre que um médico, odontólogo ou veterinário, por exemplo, prescrevesse a *cannabis*, deveria informar minunciosamente ao Tesouro sobre a pessoa do paciente, sua doença, motivos da prescrição e demais pormenores que o caso demandasse – da simples omissão ou defeito impunham-se as penas. Cumprir fielmente o regulamento era impraticável para qualquer usuário, profissional ou empresa.

Alguns autores defendem que o objetivo latente da lei era destruir a indústria do cânhamo (French e Manzanárez 2004), para proteger o negócio da celulose e dos tecidos sintéticos (Gerber 2004). É que a fibra da maconha representa um excelente insumo para produção de papel[42] e têxteis. Com a introdução de novas técnicas de extração, havia se tornado uma alternativa viável e mais barata. Especificamente quanto à indústria do papel, por exemplo, o custo da matéria-prima para sua produção a partir do cânhamo passou a representar aproximadamente metade daquela realizada por meio da celulose (Rowe 2006).

O certo é que havia muitos interesses envolvidos na proscrição da maconha. Nesse sentido, Thomas C. Rowe (2006) destaca que a história da *Marihuana Tax Act of 1937* se confunde com a biografia de três personalidades que, por razões pessoais, foram determinantes para a proibição do cultivo e consumo da *cannabis*: Hamilton Wright, William

---

[42] O cânhamo foi utilizado pela primeira vez para produção de papel em torno do ano 100 antes de Cristo.

Randolph Hearst[43] e, principalmente, Harry J. Anslinger. Todos teriam sido conduzidos por agendas próprias e qualquer verdade ou evidência que entrasse em conflito com seus interesses era prontamente descartada.

Com efeito, em 1930, o *Bureau of Narcotics* foi criado no Departamento do Tesouro dos Estados Unidos da América e Harry J. Anslinger foi nomeado seu diretor pelo então Secretário do Tesouro, Andrew Mellon, tio de Anslinger, por casamento (Robinson e Scherlen 2007, Fahey e Miller 2013), e proprietário do *Mellon Bank*, um dos bancos da *DuPont Corporation*. Esta, por sua vez, também era a maior indústria de madeira e papel dos Estados Unidos da América. Tais figuras mantinham laços estreitos com William Randolph Hearst, magnata da madeira e do papel, proprietário de vários grandes jornais. Hearst usou seus diários na luta contra a maconha, beneficiando a indústria do papel-celulose e a difusão do uso do poliéster (no qual também havia investido), ambos então ameaçados pelo cânhamo. A *DuPont* tinha acabado de desenvolver o *nylon*, cuja difusão também seria prejudicada pela exploração têxtil daquela fibra vegetal (Robinson e Scherlen 2007, Straight 2005).

Mas isso não era o bastante para viabilizar a proscrição da *cannabis* – uma base social era necessária. Nos Estados Unidos da América da década de 1930, a maconha era associada a certos grupos étnicos, principalmente em relação aos trabalhadores mexicanos. Na mesma época, ainda sob a sombra da Grande Depressão, os cidadãos norte-americanos residentes nos Estados do Sul, pressionavam os congressistas a resolverem o problema da imigração mexicana – viam naquela etnia uma concorrência para os já escassos empregos. O resultado foi a repatriação em massa daqueles (Rowe 2006).

---

[43] Personalidade influente e polêmica, imortalizada no filme *Citizen Kane* (Welles 1941), escrito, produzido, dirigido e estrelado por Orson Welles, lançado em 1941, considerado pela American Film Institute (2007) como "o maior filme de todos os tempos".

Referido quadro social possibilitou que William Randolph Hearst, por meio de seus vários jornais e veículos de comunicação, no caminho aberto pela xenofobia já instalada, passasse a promover uma forte campanha contra a maconha e seus usuários, associando-os aos atos de violência e comportamentos degenerados[44] que assustavam a maioria branca. Mais uma vez em evidência o argumento ético a partir de um ponto de vista étnico.

A participação de Hearst nos jornais norte-americanos era impressionante, incluindo o *San Francisco Examiner* (a partir de 1887), *The New York Morning Journal* (1895), *The Evening Journal* (1896), *The Chicago Examiner* (1902) e o *The Boston American* (1904). Também publicava revistas, incluindo a *Cosmopolitan* e a *Harper's Bazaar*. Em seu auge, chegou a ter 30 milhões de leitores e uma fortuna de US$220 milhões (Rowe 2006).

Embora não se possa afirmar, ao certo, as intenções de William Randolph Hearst, pois suas razões não são claras, podendo-se apenas especular que o tenha feito no intuito proteger sua participação na indústria do papel (Herer 2010), o importante é que sua campanha contra a maconha foi decisiva[45] para o advento da *Marihuana Tax Act of 1937* e a proscrição do cânhamo – cujo efeito rematou por beneficiar sua própria indústria.

Posteriormente, ainda nos Estados Unidos da América, o *Narcotics Control Act* (1956) tornou mais rígido o controle de maconha, dando suporte a criminalização irrestrita do uso e comercialização da substância e seu princípio ativo, o que acabou sendo repetido nos textos legislativos dos mais diversos Estados soberanos.

---

[44] Não olvidar que "o sistema penal atua sempre seletivamente e seleciona de acordo com os estereótipos fabricados pelos meios de comunicação em massa. Estes estereótipos permitem a catalogação dos criminosos que combinam com a imagem que corresponde à descrição fabricada, deixando de fora outros tipos de delinquentes (delinquência do colarinho branco, dourada, de trânsito, etc.)" (Zaffaroni 1991, 130).

[45] É que "o poder de controlar o fluxo de informação é o poder de controlar a forma como o ser humano pensa. A capacidade de determinar, dirigir e selecionar informação pode transformar-se numa fonte de poder comparável à dos detentores de grandes recursos naturais, tecnológicos e econômicos" (Machado 2005, 3).

Assim, a maconha continua proscrita até os dias atuais. E sua imagem negativa, desde então, acabou sendo incrementada pela proscrição em si, não pelos eventuais males que possa causar à coletividade.

Ainda sob a influência dos Estados Unidos da América, ocorreu a Convenção Única de Nova Iorque sobre Entorpecentes, em 30 de março de 1961. A expressão *Convenção Única* foi-lhe designada justamente por consolidar e atualizar, já no período da Guerra Fria, os instrumentos normativos internacionais anteriores quanto ao combate às drogas. Entre os tratados internacionais cessados e substituídos se incluem desde a Convenção Internacional do Ópio de 1912 ao Protocolo de 1953 (Lima 2009).

Dessa forma, a Convenção Única de Nova Iorque sobre Entorpecentes de 1961, passou a ser o mais abrangente tratado internacional sobre as substâncias psicotrópicas (Lima 2009). Composta de 51 artigos, relaciona os psicotrópicos, classificando-os segundo suas propriedades; prescreve as medidas de controle e fiscalização, estabelecendo restrições especiais aos que considera particularmente perigosos; regula o processo para a inclusão de novas substâncias psicoativas que devam ser controladas; determina a competência da Organização das Nações Unidas (ONU) quanto à fiscalização internacional relacionada às drogas; estabelece as medidas que devem ser adotadas no plano interno contra o narcotráfico, impondo aos Estados o dever de assistência recíproca; prescreve disposições penais, recomendando que todas as formas dolosas de tráfico, produção, cultivo e posse de psicotrópicos sejam punidas adequadamente; e recomenda aos dependentes de substâncias ilícitas seu tratamento médico, com vistas à reabilitação.

Pode-se concluir que o modelo proibicionista-punitivo tem por fundamento dois princípios: um de ordem moral-religiosa, que impõe a abstinência como única possibilidade para as drogas; e outro de ordem higienista, estabelecendo o ideal de um mundo livre de drogas. Conjugados, determinam a proibição de qualquer modalidade de uso, comércio ou produção de psicotrópicos eleitos como ilícitos, condutas que passaram a ser tipificadas como crime (Ribeiro 2013).

2.2.2   A guerra como meio

Voltando ao plano interno dos Estados Unidos da América e a imposição de sua política aos demais Estados, embora a filosofia norte-americana de controle de drogas tenha se refinado no início da década de 1960, não houve por essa época um rompimento fundamental com a essência da política anterior, que se baseava na convicção irracional da honradez moral dominante naquele país no começo do século XX. Richard Nixon preservou o antigo dogma de que era viável alcançar um país livre das drogas. Na sua ótica, o esforço interno constante deveria ser combinado com o vigor perene no exterior, transformando a luta contra as drogas em uma de suas prioridades, pelo que determinou o envolvimento, cooperação e apoio de todos os ministérios e agências governamentais quanto ao tema (Woodiwiss 2005).

Assim, intensificando o controle sobre as substâncias consideradas ilícitas, deu-se início à *guerra contra as drogas* com o *Comprehensive Drug Abuse Prevention and Control Act of 1970* que, além de regulamentar e classificar o uso de medicamentos com base na intrínseca capacidade de dependência e abuso, consolidou todo o arcabouço legal anterior quanto à identificação e proscrição das drogas consideradas ilegais.

Referida lei incumbiu ao *Drug Enforcement Administration (DEA)*, vinculado ao Departamento de Justiça dos Estados Unidos da América, a competência para indicar quais drogas seriam de uso e comercialização proibidos.

Richard Nixon trouxe definitivamente o debate sobre as drogas para o campo da ética, justificando sua política de *guerra contra as drogas* em nome do combate ao mal, tendo como objetivo um mundo livre dos psicoativos. Sua guerra seria travada em duas frentes: redução da produção e redução da demanda, através da coação do direito penal (Nutt 2012).

Embora o argumento moral ainda se fizesse muito forte, a *guerra contra as drogas* apresentava, nesse período, contornos objetivos. Enquanto guerra, perseguia um fim – a eliminação de todas as drogas ilícitas. A *guerra às drogas* se fez *meio*.

Um memorando, datado de 29 de setembro de 1969, enviado por Henry Kissinger, à época Assessor para Segurança Nacional no governo Nixon, a William Rogers, então Secretário de Estado, sintetiza a essência da política norte-americana no que é pertinente à *guerra contra as drogas*, mantida até os dias atuais. No ofício, Henry Kissinger alertava estar o presidente convencido de que o problema do vício em narcóticos nos Estados Unidos da América havia chegado a proporções que constituiriam um perigo para estabilidade nacional. Lembrando que a maior parte dos narcóticos (sobretudo a heroína) seriam cultivados e produzidos em países estrangeiros e contrabandeados para os Estados Unidos da América, alertou que o presidente considerava que qualquer país facilitador do tráfico internacional de heroína estaria cometendo um ato hostil aos interesses pátrios (Woodiwiss 2005).

Ao final, recomendou a imediata elaboração de um programa de ação que tornasse veementemente claro aos países que cultivavam papoulas de ópio a proibição de sua cultura não medicinal. Aos países que fabricavam o produto final da heroína, a ordem era que seus laboratórios ilegais fossem fechados. Sugeriu ainda que, no referido plano, deveriam ser considerados métodos de persuasão positiva, inclusive incentivos financeiros para cooperação quanto ao controle do tráfico da heroína, assim como de retaliação, caso algum país se recusasse a cooperar.

Nesse sentido, Richard Nixon impôs a aprovação da *Narcotics Control Trade Act of 1974* que ocasionou graves reflexos na comunidade internacional nas décadas seguintes. Em síntese, a lei determinava que os países produtores ou de trânsito de drogas que deixassem de cooperar com as políticas norte-americanas de proscrição estariam sujeitos a uma série de sanções, inclusive a suspensão de ações de cooperação e incremento nas alíquotas de impostos e tarifas alfandegárias. É dizer que os demais Estados deveriam acatar a política dos Estados Unidos da América quanto aos psicoativos e tornarem-se seus aliados na *guerra contra as drogas*, sob pena de sofrer prejuízos econômicos (Woodiwiss 2005).

Após Richard Nixon, os presidentes Gerald Ford e Jimmy Carter[46] prosseguiram no combate às drogas nos mesmos moldes e vieses de seus antecessores, mantendo a guerra já declarada por aquele. De igual sorte, a comunidade internacional continuou a seguir a política de proscrição norte-americana.

2.2.3 A guerra como fim

A década de 1980 tornou-se emblemática quanto à adoção do modelo norte-americano de combate ao crime pelos mais variados Estados soberanos[47], mas esse fenômeno mostrou-se ainda mais contundente em relação aos psicoativos. Ronald Reagan, presidente dos Estados Unidos da América a partir do ano de 1981, já no início de seu mandato, demonstrou, em discurso, sua preocupação e vontade em intensificar a *guerra contra as*

---

[46] Ironicamente, Jimmy Carter (2011) publicou no *The New York Times,* em 16 de junho de 2011, artigo intitulado *Call Off the Global Drug War,* no qual critica a *guerra contra as drogas* e reconhece seu fracasso.
[47] Sobre esse fenômeno, sua origem e causa, além de seus efeitos no Brasil, conferir Abramovay e Batista (2010).

drogas, anunciando que empunharia a bandeira de batalha contra os psicotrópicos (French e Manzanárez 2004).

Sob o seu governo, as penas em razão do tráfico ilícito de psicoativos foram majoradas e se instituiu, como regra, o confisco dos bens utilizados para o tráfico ou adquiridos em sua decorrência (French e Manzanárez 2004).

Durante os dois mandatos do Presidente Ronald Reagan, a legislação interna acerca do uso e comércio das drogas recrudesceu e as forças armadas dos Estados Unidos da América passaram a se envolver diretamente na *guerra contra as drogas*. Além disso, o governo americano passou a ter postura mais rígida no campo diplomático quanto à questão do narcotráfico, ao ponto de impor sanções econômicas contra países latino-americanos, que seriam, em sua ótica, os grandes responsáveis pela crise envolvendo as drogas, quando, na verdade, os problemas relacionados aos narcóticos dizem respeito a grande demanda do próprio país e dos Estados da Europa Ocidental, não nos países produtores, que 'apenas' suprem essa demanda (Hagen 2002).

Na sequência, em 1989, George Bush implantou a *First National Drug Control Strategy*, expandindo a regulação das drogas ilícitas e padronizando a estratégia de combate ao narcotráfico. Além disso, ampliou a militarização da *guerra contra as drogas* no âmbito internacional, promovendo uma rápida expansão da cooperação bélica com os países produtores de cocaína. Para que se tenha uma ideia do que isso representou, entre 1988 e 1991, o orçamento dedicado ao tema saltou de U$5 milhões para U$150 milhões. Era a chamada *Estratégia Andina*, consistente no apoio técnico e militar no combate ao narcotráfico (Hagen 2002).

Em decorrência do endurecimento da *guerra contra as drogas*, entre os anos de 1980 e 2000, o número de acusados por crimes relacionados aos psicotrópicos, condenados à prisão nos Estados Unidos da América, aumentou quinze vezes (Levitt e Dubner 2005).

E não houve mudança significativa no tratamento dado à proscrição das drogas nos Estados Unidos da América e na política imposta aos demais Estados durante os governos Clinton[48], Bush e Obama, prosseguindo a *guerra contra as drogas* em caráter mundial.

Embora Bill Clinton tenha, durante a campanha presidencial de 1992, defendido uma abordagem terapêutica em contraposição ao tratamento penal dirigido às pessoas que utilizam drogas, nos primeiros meses de seu governo adotou exatamente as mesmas estratégias de criminalização dos seus predecessores republicanos, continuando a progressiva escalada da guerra às drogas.

No governo de George W. Bush se experimentou uma rápida ascensão da militarização do combate as drogas, em suporte à criminalização. Sobre o que isso representou, ao final de seu mandato, contabilizava-se cerca de 40.000 intervenções no estilo paramilitar da SWAT contra cidadãos norte-americanos por ano, principalmente por infrações não violentas às leis de drogas.

Embora Obama tenha investido no programa de fornecimento de seringas descartáveis às pessoas que faziam uso de drogas injetáveis e diminuído a discrepância entre as punições por porte de crack em referência à mesma conduta quanto à cocaína, ambas medidas refutadas na administração de Bill Clinton, suas ações no sentido de amenizar a criminalização das drogas não passaram disso.

Atualmente, o Presidente dos Estados Unidos da América, Donald Trump, utiliza como um dos argumentos para se construir um muro separando seu país do México a necessidade de impedir a entrada de droga ilícita, enquanto o Procurador-Geral Jeff Sessions defende não terem os estados soberania para legalizar a maconha, ressaltando que "pessoas boas" não utilizam tal droga (The Drug Policy Alliance 2017). O próprio

---

[48] Bill Clinton criticou a *guerra contra as drogas* em recente documentário, intitulado *Breaking the Taboo* (Andrade, et al. 2011).

presidente defende a pena de morte para algumas modalidades do narcotráfico (McDonald 2018). A legalização da maconha em alguns estados norte-americanos não conta, atualmente, com aprovação presidencial nem tem qualquer repercussão direta na política internacional desenvolvida para a questão das drogas.

Apenas o que mudou nas últimas duas décadas, foi o fato de a *guerra contra as drogas* ter preenchido o vácuo deixado pela *Guerra Fria*, apropriando-se de todos os medos e preconceitos que lhe eram inerentes. Nesse sentido:

> On the other hand, to some in the United States, the drug war replaced the cold war, standing at the intersection between domestic fears and foreign threats. Politics at home pushed Clinton into the war on drugs as much as the threat from abroad. (Hagen 2002, 15)[49]

Apropriou-se também de toda estrutura de poder e influência internacional montada pelos Estados Unidos da América em sua luta contra o comunismo.

Esse espectro de influência tem ditado o comportamento legislativo dos demais Estados independentes, de suas políticas públicas para a questão das drogas, da utilização de sua força militar e até mesmo o pronunciamento de seus tribunais.

Conforme o discurso oficial da *First National Drug Control Strategy* (US President 1989), por exemplo, uma estratégia abrangente de controle de drogas precisa incluir programas de intervenção e ataques efetivos à produção e ao tráfico internacional. Esses programas, direcionados às fontes estrangeiras de drogas ilegais, deveriam dar suporte aos conceitos de dissuasão e incapacitação, aumentando os esforços da justiça criminal dos países envolvidos, dirigindo o ataque às organizações

---

[49] "Por outro lado, para alguns nos Estados Unidos da América, a guerra contra as drogas substituiu a guerra fria, ficando entre os medos domésticos e as ameaças estrangeiras. Ações políticas internas empurraram Clinton para a guerra contra as drogas, tanto quanto as ameaças do exterior" (traduzido do inglês para o português).

multinacionais de tráfico além das fronteiras norte-americanas. Tal estratégia, na ótica do governo, permitiria interromper o caminho do cultivo e comércio de drogas até os Estados Unidos da América, em vez de confrontá-las em suas ruas. A guerra às drogas, mais nociva que o consumo em si, seria travada em outros territórios. O discurso subjacente é o da exportação dos problemas da criminalização das drogas.

Não somente os problemas, mas os custos também seriam exportados, uma vez que, conforme estabelecido na estratégia oficial, os "esforços internacionais efetivos nos permitem alocar os recursos de outras nações nesta batalha. Nosso país não pode assumir sozinho a responsabilidade ou o custo de combater as drogas" (US President 1989, 61).

Nesse sentido, a prioridade da justiça criminal, bem como o modelo de criminalização e persecução penal dos Estados Unidos da América têm sido exportados para o exterior. Os governos estrangeiros atendem às pressões, estímulos e exemplos norte-americanos, adotando novas leis criminais sobre o tráfico de drogas, lavagem de dinheiro, comércio privilegiado e crime organizado, inclusive modificando as normas de sigilo financeiro e empresarial, assim como os códigos de processo penal, a fim de melhor atender às políticas que lhes foram impostas. As polícias adotam técnicas norte-americanas de investigação, ao passo que os tribunais e legislaturas acompanham a tendência com as necessárias permissões legais. Os governos dirigem substanciais recursos policiais e até mesmo militares para coibir a produção e tráfico ilícito de drogas. Em linhas gerais, os Estados Unidos da América forneceram os modelos, e os outros estados se ajustaram (Nadelmann 1993). Na mesma linha:

> A *War on Drugs* é também estratégia geopolítica de ocupação, dominação e controle das periferias pelos Estados Unidos. Assume ares militarizados, porque se torna pretexto para envio de tropas, doutrinação e cooptação das elites militares das periferias, de modo a alinhá-las aos interesses

estadunidenses e de barrar qualquer discurso nacionalista, de resistência ao imperialismo. A história mostra o sucesso dessa estratégia de influenciar por meio da doutrinação aparentemente inofensiva de membros de setores estratégicos locais. (Santos Júnior 2016, 226-227)

A influência do que a *Comissão Global de Políticas sobre Drogas* (2011, 8) chamou de "imperialismo do controle de drogas" chega a intervir em questões tipicamente locais, ditando padrões de comportamento que se contrapõem, muitas vezes, à cultura, história e autodeterminação dos povos, ao ponto de criminalizar até mesmo tradições históricas:

> Um exemplo recente desta situação (que pode ser qualificada como 'imperialismo do controle de drogas'), foi a proposta do governo boliviano de retirar a prática de mascar folhas de coca das proibições impostas pela Convenção de 1961 que impedem qualquer uso não medicinal da folha de coca. Apesar de sucessivos estudos terem demonstrado que a prática indígena de mascar coca não implica em nenhum dos danos causados pelos mercados internacionais de cocaína, e que uma clara maioria da população boliviana (e de países vizinhos) apoia esta mudança, muitos dos países ricos 'consumidores de cocaína' (liderados pelos Estados Unidos) se posicionaram formalmente contra a emenda proposta pela Bolívia.

É nesse sentido, o do recrudescimento da *guerra contra as drogas* e sua consequente militarização, o advento, no Brasil, do Decreto 5144 (Brasil 2004), que regulamenta a chamada *Lei do Abate* (Brasil 1998) segundo a qual a autoridade aeronáutica poderá empregar os meios que julgar necessários para compelir aeronave a efetuar o pouso e, em caso de recusa, esgotados os meios coercitivos legalmente previstos, será classificada como hostil, ficando sujeito à medida de destruição. Embora referida lei não trate especificamente das questões relacionadas ao narcotráfico, o móvel do Decreto que a regulamenta foi exatamente esse.

Com efeito, o Decreto 5.144 (Brasil 2004) estabelece os procedimentos a serem seguidos com relação a aeronaves hostis ou suspeitas de tráfico de drogas, levando em conta que estas podem apresentar ameaça à segurança pública. As aeronaves suspeitas de tráfico de substâncias psicotrópicas que não atendam aos procedimentos coercitivos previstos serão classificadas como hostis, sujeitas à medida de destruição.

A natureza do abate, bem como a autoridade competente para tanto, revela o caráter bélico que dá contornos ao atual combate às substâncias psicoativas, a demonstrar, mais uma vez, os atos de guerra promovidos em torno da questão das drogas.

Exemplo ainda mais contundente do tratamento belicista dado às substâncias psicotrópicas na terceira fase de sua criminalização é a cominação de pena de morte em razão de condutas relacionadas ao narcotráfico em países como a China, Vietnã, Singapura, Irã, Indonésia, Malásia e Arábia Saudita (Karam 2009), resultado do aprofundamento da guerra contra as drogas e do direito penal que lhe sustenta. Recentemente, em junho de 2018, diante de trezentas crianças, o judiciário chinês executou pena de morte imposta a dois condenados por tráfico, como forma de desestimular os estudantes a tal prática (Cox 2018).

Assim, o que se pode consignar de mais emblemático para esse período, que teve início com Ronald Reagan e prossegue até os dias atuais, é a nova face da *guerra contra as drogas*[50]. O argumento moral continua a lhe dar apoio popular (tal qual na primeira fase) e os objetivos declarados permanecem aqueles relacionados com a erradicação dos psicotrópicos (como ocorreu na segunda fase).

No entanto, ante a impossibilidade de vencer o narcotráfico, a *guerra contra as drogas* parece ter passado a ser um fim em si mesma. É que, em nome dos direitos humanos, da intervenção humanitária, do combate ao comunismo, terrorismo ou às drogas, da democracia *et coetera*,

---

[50] Nesse aspecto, os "Estados Unidos, a partir dos anos 80, utilizam o combate às drogas como eixo central da política americana no continente. Passam a difundir termos como 'narcoguerrilha' e 'narcoterrorismo', numa clara simbiose dos seus 'inimigos externos'. As drogas passam a ser o eixo das políticas de segurança nacional nos países atrelados a Washington, ao mesmo tempo em que o capital financeiro e a nova divisão internacional do trabalho os obriga a serem os produtores da valiosa mercadoria. Os países andinos se transformaram em mercados brutalizados para o varejo residual das drogas ilícitas" (Batista 2003, 12).

os Estados Unidos da América sempre recorreram à guerra como forma de exercer e, ao mesmo tempo, consolidar seu poder hegemônico[51].

No início da década de 1980, a Guerra Fria já não mais demandava maiores investimentos e, com a queda do muro de Berlim no final da mesma década, encerrava-se aquele período histórico.

Assim, os esforços militares dos Estados Unidos da América necessitavam de um novo argumento. O resultado foi a militarização da *guerra contra as drogas*. Em sentido semelhante, importante consignar:

> Una dinámica muy parecida es la que ha caracterizado a las relaciones entre los países productores de drogas y los Estados Unidos. Si bien fue el presidente Nixon el primero en declarar la guerra contra las drogas, la militarización de éste sólo empezó a mediados de los años ochenta. Fue entonces cuando el ejército estadounidense fue desplazado para entrenar a efectivos para operaciones de lucha contra los estupefacientes en los Andes. Desde aquel momento hasta los atentados del 11-S, la guerra contra las drogas ha resultado ser especialmente útil para justificar las operaciones, bases e intervenciones militares en el exterior. Se podría decir, de hecho, que la guerra contra las drogas cubrió un vacío ideológico entre la Guerra Fría y la guerra contra el terrorismo. [...]
>
> El argumento de la lucha contra el comunismo para justificar los altos presupuestos militares y las operaciones en el extranjero se topó con un escollo tras la caída del Muro de Berlín, el mismo año en que se otorgó al Pentágono un importante papel en la guerra contra las drogas. En diciembre de 1989, los Estados Unidos invadieron Panamá para derroca el Gobierno del general Manuel Noriega. Uno de los principales motivos dados para explicar la invasión fue la implicación de Noriega en el tráfico de drogas. (Bewley-Taylor e Jelsma 2011, 7797/8219)

E assim, a *guerra contra as drogas* prossegue nos dias atuais. Com forte discurso ético, declarando ter como objetivo a mitigação do

---

[51] O tema é tratado com profundidade em Jelsma, et al. 2011 (2011).

narcotráfico e do consumo de drogas até sua erradicação, mas não passando de um fim em si mesma.

Nem mesmo o novo móvel de militarização norte-americano, a *guerra ao terror*, novo argumento ao exercício da hegemonia política, bélica e econômica, foi capaz de refrear o combate às substâncias psicotrópicas tornadas ilícitas. É que os muitos anos de proibição, a propaganda em torno do combate ao narcotráfico, o conteúdo ético sistematicamente inserido e reforçado na questão do uso, a equivocada associação de determinadas drogas com o fenômeno da violência urbana, impedem uma postura racional dos governos e da sociedade, que acabam preferindo insistir numa guerra perdida, mas que ainda representa um ideário moral e de dominação.

2.2.4 Fundamento jurídico da guerra contra as drogas

Desde o início, a criminalização do uso e do comércio de substâncias psicoativas consideradas nocivas ao indivíduo e à sociedade sempre foi o fundamento jurídico da *guerra contra as drogas*. Além de fundamento, a criminalização também se fez de método, sendo a principal frente de combate às drogas. Além de método, a criminalização passou a ser resultado – resposta ao anseio moral que permeia o tema das drogas. Ou seja, a criminalização, a partir do argumento ético, é o cerne da *guerra contra as drogas*, pelo que esta seria esvaziada sem aquela.

E o modelo criminal proibicionista adotado na *guerra contra as drogas* encontra fundamento no que Gunther Jakobs (2012) intitulou de *direito penal do inimigo*, segundo o qual o Estado pode, em situações que exponham a coletividade a grave perigo, negar a determinada categoria de criminosos (os inimigos) as garantias inerentes ao que chama de *direito penal do cidadão*, cabendo-lhes apenas a coação estatal. Eis o raciocínio em que repousa o *direito penal do inimigo*:

> Denomina-se «Direito» o vínculo entre pessoas que são titulares de direitos e deveres, ao passo que a relação com um inimigo não se determina pelo Direito, mas pela coação. No entanto, todo Direito se encontra vinculado à autorização para empregar coação, e a coação mais intensa é a do Direito Penal. Em consequência, poder-se-ia argumentar que qualquer pena, ou, inclusive, qualquer legítima defesa se dirige contra um inimigo. Tal argumentação em absoluto é nova, mas conta com destacados precursores filosóficos.
>
> São especialmente aqueles autores que fundamentam o Estado de modo estrito, mediante um contrato, entendem o delito no sentido de que o delinquente infringe o contrato, de maneira que já não participa dos benefícios deste: a partir desse momento, já não vive com os demais dentro de uma relação jurídica. Em correspondência com isso, afirma Rousseau que qualquer «malfeitor» que ataque o «direito social» deixa de ser «membro» do Estado, posto que se encontra em guerra com este, como demonstra a pena pronunciada contra o malfeitor. A consequência diz assim: «ao culpado se lhe faz morrer mais como inimigo que como cidadão». (Jakobs 2012, 257)

Segundo essa ideia, o direito penal garantista (dirigido ao cidadão) seria o direito de todos, enquanto que o direito penal do inimigo aplicar-se-ia aos traidores do ordenamento jurídico, capazes dos atos mais nocivos à sociedade: o inimigo.

Portanto, o direito penal reconheceria dois polos ou tendências em suas regulações. Por um lado, o tratamento deferido ao cidadão, esperando-se até que se exteriorize sua conduta para reagir, com o fim de confirmar a estrutura normativa da sociedade, e por outro, o tratamento com o inimigo, que é interceptado já no estado prévio, quem se combate por sua periculosidade. O direito penal do cidadão manteria a vigência da norma, o direito penal do inimigo (em sentido amplo: incluindo o direito das medidas de segurança) combateria os perigos (Jakobs 2012).

Segundo essa ideia, contra o inimigo deve-se usar a violência, monopólio do Estado, a qual estaria submetido antes mesmo de praticar o ato que o fez considerado hostil.

O combate à criminalidade, quando o criminoso é o inimigo, não se faria pelos meios convencionais do direito, senão pela *guerra* – justificada pelo direito penal do inimigo: "frente ao inimigo, é só coação física, até chegar à guerra" (Jakobs 2012, 317).

Foi exatamente o que aconteceu com a questão das drogas, declarada por Richard Nixon (Nutt 2012, 264) como o inimigo número um dos Estados Unidos da América, o que justificaria o uso de "uma nova ofensiva total", em nível global, com o apoio das Nações Unidas e seus Estados membros.

> O proibicionismo criminalizador voltado contra as drogas tornadas ilícitas, expressando-se na política 'guerra às drogas', explicita, de forma eloquente, a partir dessa própria denominação, os parâmetros bélicos que orientam a atual e globalizada expansão do poder punitivo, exacerbando os danos, as dores e os enganos provocados pela intervenção do sistema penal sobre seus selecionados 'inimigos'. (Karam 2009, 7)

Rechaçou-se qualquer possibilidade de resolução do problema por meio de outros métodos. Nem mesmo o direito penal garantista foi reconhecido como hábil a mitigar o problema das drogas. A violência, monopólio do Estado, teria de ser invocada contra o inimigo. "Quem ganha a guerra determina o que é norma, e quem perde há de submeter-se a esta determinação" (Jakobs 2012, 395).

A eliminação do perigo justificaria os atos de guerra. A filosofia da *guerra contra as drogas* se alinha perfeitamente com o pensamento de Gunther Jakobs (2012, 376):

> A reação do ordenamento jurídico, frente a esta criminalidade, se caracteriza, de modo paralelo à diferenciação de Kant entre estado de cidadania e estado de natureza acabada de citar, pela

circunstância de que não se trata, em primeira linha, da compensação de um dano à vigência da norma, mas da eliminação de um perigo: a punibilidade avança um grande trecho para o âmbito da preparação, e a pena se dirige à segurança frente a fatos futuros, não à sanção de fatos cometidos. Brevemente: a reflexão do legislador é a seguinte: o outro «me lesiona por...[seu] estado [em ausência de legalidade] (status iniusto), que me ameaça constantemente».

Assim foi instituída, em nível global, a *guerra contra as drogas*, cunhada no direito penal do inimigo e construída, a partir de padrões ético-morais[52], pela força da política externa de um Estado hegemônico. E assim ela prossegue, sem qualquer perspectiva de se alcançar a paz ou, ao menos, uma saída honrosa. Prossegue, inclusive, sem apresentar os resultados um dia prometidos, não mais esperados e há muito esquecidos.

Uma formulação política eficiente requer uma clara articulação dos objetivos a alcançar. A Convenção Única de 1961 sobre entorpecentes deixou claro que o objetivo do sistema era a melhoria da 'saúde e o bem estar da humanidade'.

Isto nos faz lembrar que as políticas de drogas inicialmente foram desenvolvidas e implementadas com a esperança de alcançar resultados em termos de redução de danos aos indivíduos e à sociedade – menos crimes, melhor saúde e mais desenvolvimento econômico e social. No entanto, até hoje continuamos avaliando o sucesso na guerra às drogas com base em parâmetros totalmente diferentes – parâmetros esses que informam sobre processos, como o número de prisões, as quantidades apreendidas ou a severidade das penas. Estes indicadores são capazes de comprovar o rigor com que determinada política está sendo executada mas não são capazes de medir em que medida esta política está sendo ou não bem sucedida em seu objetivo principal de melhorar 'a saúde e o bem estar da humanidade'. (Comissão Global de Políticas sobre Drogas 2011, 5)

---

[52] Vigentes na sociedade norte-americana.

E é o seu fundamento jurídico, a norma penal que criminaliza as substâncias psicotrópicas, que adiante será submetida ao crivo da proporcionalidade. Antes, porém, se faz necessário aferir os resultados obtidos com a *guerra contra as drogas*.

2.3   RESULTADO DA GUERRA CONTRA AS DROGAS

Como visto, a *guerra contra as drogas* traduz-se numa campanha de proibição e intervenção militar internacional, fundada no direito penal do inimigo, empreendida pelo governo dos Estados Unidos da América, com o auxílio de diversos outros países, tendo como objetivo declarado definir e reduzir o comércio ilegal de drogas (Cockburn e St. Clair 1998), a fim de mitigar progressivamente os males a ela relacionados, até a erradicação total. A criminalização do uso e da comercialização das drogas se fez, ao mesmo tempo, fundamento, método e resultado da *guerra contra as drogas*.

No entanto, a *guerra contra as drogas* tem custado muito caro – em todos os sentidos. Por isso, no dizer de David Nutt (2012), impõe-se o dever de descobrir se tem alcançado seus objetivos declarados. Assim, para avaliar o sucesso dessas políticas, seria preciso, segundo o autor, responder três perguntas: a *guerra contra as drogas* reduziu a oferta de substâncias psicotrópicas consideradas ilícitas? Reduziu a demanda por drogas? Mitigou os danos decorrentes das drogas?

Qualquer estudo científico que procure responder a essas questões terá como resultado inequívoco a resposta de que a *guerra contra as drogas* fracassou. Quando a Convenção Única de Entorpecentes de Nova Iorque foi aprovada na Organização das Nações Unidas em 1961 e, posteriormente, no contexto histórico em que Richard Nixon declarou *guerra às drogas* dez anos depois, muitos acreditavam que a repressão rigorosa contra as substâncias psicoativas e a implantação de políticas públicas contra os responsáveis pela produção, distribuição e consumo de drogas levariam a uma redução do mercado negro até o ponto da erradicação total, culminando num mundo completamente livre de drogas (Comissão Global de Políticas sobre Drogas 2011).

Na verdade, o resultado obtido foi o extremo oposto: o crescimento exponencial do mercado internacional de substâncias ilícitas, largamente controlado pelo crime organizado (Commission of the European Communities 2009).

A própria taxa de homicídios medida durante um século (1900 a 2000) nos Estados Unidos da América guarda relação direta com o investimento no combate às substâncias psicotrópicas, indicando que, historicamente, do incremento no orçamento dirigido à *guerra contra as drogas* resulta, quase sempre, o aumento do índice de crimes dolosos contra a vida (Werb, et al. 2010).

Como consequência de décadas de proscrição severa nos Estados Unidos da América, enquanto o número de prisões por todos os crimes na década de 1980 havia sofrido incremento de 28%, os encarceramentos por delitos relacionados às drogas tiveram acréscimo de 126%, em relação à década anterior (Austin e McVey 1989).

No Brasil, em junho de 2016, 26% da população carcerária masculina era formada por homens condenados por tráfico de drogas (DEPEN 2016). Quanto às mulheres cumprindo pena pelo mesmo delito, o índice é ainda mais impressionante: em sua maioria mulheres negras (Borges 2018), 62% da população carcerária feminina, no mesmo mês e ano, estava presa em razão da prática de narcotráfico (DEPEN 2016). Esse quadro é agravado por diversos fatores ínsitos à realidade carcerária brasileira[53] que se torna ainda mais degradante em relação à mulher

---

[53] A esse respeito, conferir Nana Queiroz (2015).

submetida à execução de pena criminal, tais como "as péssimas condições físicas de encarceramento, o tratamento discriminatório das mulheres presas e as violações de direitos fundamentais, em especial da saúde e da maternidade" (Castilho 2007, 39).

Voltando à situação norte-americana, considerando a evolução dos encarceramentos decorrentes de delitos relacionados aos psicotrópicos entre os anos de 1972, início da *guerra contra as drogas*, e 2002, somente nos Estados Unidos da América, o número de presos evoluiu de menos de cinquenta mil para quase quinhentos mil – o décuplo. Esses dados são bem demonstrados no gráfico elaborado por Werb et al. (2010, 19):

Gráfico 1 - Número estimado de adultos presos, por violação de lei relacionada às drogas, nos Estados Unidos da América entre os anos de 1972 a 2002

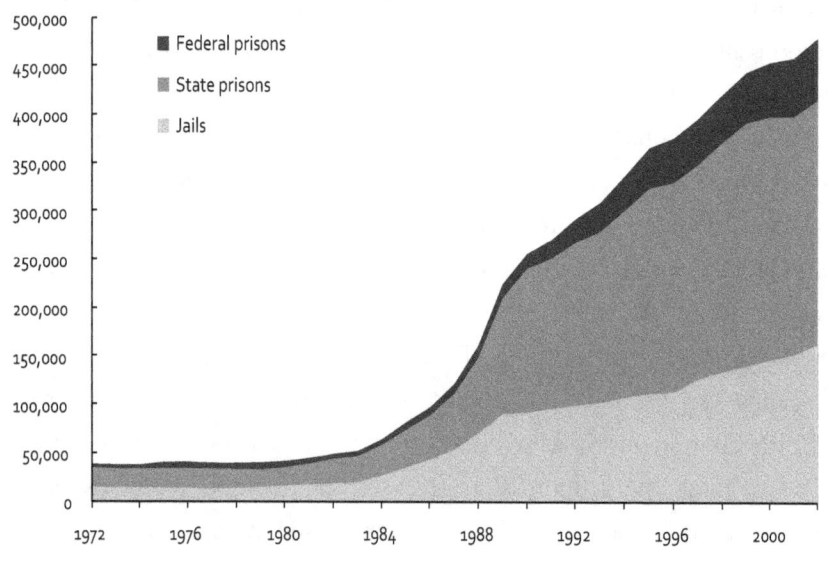

A realidade internacional não difere daquela que se apresenta nos Estados Unidos da América. Atualmente, no mundo, existem 2 milhões de pessoas presas por delitos relacionados às drogas, o que representa um quarto da população carcerária, sem que a demanda e a oferta de substâncias ilícitas tenham sofrido qualquer decréscimo. A maioria dos encarcerados são pequenos traficantes que não estão diretamente vinculados a qualquer atividade violenta (Nutt 2012).

Além do incremento na população carcerária, o tratamento da matéria por meio do direito penal trouxe outra consequência deletéria: transformou os usuários e as pessoas que desenvolveram dependência em criminosos, na medida em que a posse de droga para o consumo também foi tipificada. Esse fenômeno se observa desde o início da proscrição das substâncias psicoativas consideradas ilícitas. A proscrição das drogas, em caráter criminal, realizou o feito de transformar meros adictos em adictos delinquentes (Rowe 2006).

Estima-se que, desde o início da *guerra contra as drogas*, os países tenham gasto entre U$1 trilhão a U$2,5 trilhões (Nutt 2012) na erradicação da produção, repressão aos traficantes e criminalização dos usuários. Nem mesmo os recursos consumidos foram hábeis a reduzir a oferta, muito menos o consumo, de substâncias psicoativas consideradas ilícitas. Aparentes êxitos, obtidos, em pequena escala, com a eliminação de determinadas fontes de produção, foram invariavelmente compensadas em razão do surgimento de outras organizações criminosas e pela migração do processo produtivo para outras áreas (Comissão Global de Políticas sobre Drogas 2011).

É que as organizações criminosas, relacionadas com o narcotráfico, estão em constante mudança, de modo a escapar aos esforços engendrados a partir da aplicação da lei, sempre procurando novas fontes de matéria-prima e bens intermediários, rotas de exportação e mercados. Até mesmo o sigilo inerente à própria ilegalidade impede uma organização mais transparente e estruturada, na qual os encarregados conheçam os líderes, o que fazem e como operam (Woodiwiss 2005).

Ademais, por mais alta que seja a quantia despendida pelos Estados na *guerra contra as drogas*, se comparada aos recursos do narcotráfico, se mostra irrisória. Estima-se que o rendimento anual da indústria das drogas ilícitas equivale a U$400 bilhões, o que correspondia a 8% de todo o comércio mundial no final dos anos noventa (Lima 2009).

Número semelhante, quanto ao volume que o comércio ilícito de substâncias psicoativas representa, é exibido por David Nutt (2012), segundo o qual o narcotráfico movimenta £300 bilhões ao ano, cerca de 1% da economia global, sendo a segunda maior atividade econômica do mundo – atrás apenas da indústria petrolífera.

Deve-se observar que tamanho recurso, representativo de 1% da economia mundial, sendo movimentado por grupos criminosos, que se utilizam de vários negócios de fachada, paraísos fiscais e até países inteiros para torná-lo aparentemente legítimo, causa sérios danos ao sistema financeiro internacional (já volátil pela inerente especulação), sujeito que fica aos interesses escusos do narcotráfico[54].

No mesmo fio condutor, vários estudos científicos demonstram que quanto mais se investe no combate ao narcotráfico, mais arriscada se torna a atividade e, consequentemente, lucrativa; de tal forma que, da expansão da *guerra às drogas* decorre, quase sempre, o incremento no número de indivíduos dispostos a assumir os riscos do negócio em contrapartida ao lucro oferecido. Quanto ao tema, importa transcrever:

> The present systematic review suggests that drug law enforcement interventions are unlikely to reduce drug-related violence. Instead, and contrary to the conventional wisdom that increasing drug law enforcement will reduce violence, the existing scientific evidence strongly suggests that drug prohibition likely contributes to drug market violence and higher homicide rates. On the basis of these findings, it is

---

[54] No mesmo sentido: "O dinheiro das drogas é lavado por meio de empresas de fachada e paraísos fiscais e então integrado novamente no sistema bancário convencional, para que as organizações criminosas possam ter acesso aos fundos 'legítimos'. Técnicas diferentes são utilizadas, como transferências eletrônicas em pequena escala e faturamento falso: estima-se que o Panamá apresenta uma lacuna de um bilhão de libras esterlinas, todos os anos, entre o ingresso de dinheiro e as mercadorias exportadas, com a diferença conectada aos rendimentos de vários tipos de crime, principalmente tráfico de drogas" (Nutt 2012, 276) (traduzido do inglês para o português).

reasonable to infer that increasingly sophisticated methods of disrupting drug distribution networks may increase levels of drug-related violence.

The association between increased drug law enforcement funding and drug market violence may seem counter-intuitive. However, in many of the studies reviewed here, experts delineated certain causative mechanisms that may explain this association. Specifically, research has shown that by removing key players from the lucrative illegal drug market, drug law enforcement may have the perverse effect of creating significant financial incentives for other individuals to fill this vacuum by entering the market. (Werb, et al. 2010, 15)[55]

Enquanto se intensificaram os esforços de coerção, a produção das drogas proibidas ficou mais simples, mais racional e consideravelmente mais barata. A difusão do conhecimento quanto a produção, refino, adulteração e distribuição dessas drogas desenvolveu-se muito mais rapidamente do que os meios coercitivos legais. Mais importante, a margem de lucro na produção, contrabando e distribuição proporcionou fortunas a um pequeno grupo no topo da pirâmide do tráfico de drogas, especialmente em países com governos debilitados por conflitos ou corrupção. E, naturalmente, a proibição global das drogas forneceu a base financeira para o crime organizado internacional (Woodiwiss 2005).

Pode-se afirmar, então, com segurança, que a criminalização das atividades voltadas à produção, distribuição e comércio das drogas ilícitas não surtiu o efeito prometido de reduzir sua oferta.

---

[55] "As atuais revisões sistemáticas sugerem que as intervenções legais para a droga são ineficazes quanto a redução da violência a ela relacionada. Em vez disso, contrariamente à sabedoria convencional de que o aumento no rigor da aplicação das leis das drogas irá reduzir a violência, a evidência científica existente sugere, veementemente, que a proibição das drogas provavelmente contribui para a violência dentro do mercado ilícito, elevando as taxas de homicídio. Com base nestas conclusões, é razoável inferir que métodos cada vez mais sofisticados de interromper as redes de distribuição de drogas podem aumentar os níveis de violência a elas relacionadas.

No entanto, nos muitos estudos ora analisados, peritos delinearam alguns mecanismos causais que podem explicar esta associação. Especificamente, pesquisas têm mostrado que removendo os principais traficantes do mercado lucrativo e ilegal de drogas, a aplicação das leis contra as drogas pode ter o efeito perverso da criação significativa de incentivos financeiros para outros indivíduos preencherem este vazio entrando no mercado" (traduzido do inglês para o português).

O mesmo fracasso se pode apontar, embora por motivos diferentes, quanto à demanda por substâncias ilícitas. A proscrição, mesmo que consubstanciada na criminalização do usuário, não se mostrou apta a refrear a procura por substâncias psicotrópicas.

George Frederick Will (2009)[56], em artigo escrito para o *Washington Post*, citando a revista *The Economist*, enfatiza que atualmente mais de 200 milhões de pessoas, em torno de 5% da população mundial, usam drogas ilegais – exatamente a mesma proporção da década de 1990, não obstante o governo norte-americano destinar U$40 bilhões anuais para o controle de substâncias ilícitas em seu território e nos demais países. Ainda segundo o articulista, em torno de 1,5 milhão de cidadãos estadunidenses são detidos todos os anos em razão de crimes relacionados às drogas, resultando mais de 500 mil encarceramentos anuais.

> The Economist magazine says this means that more than 200 million people - almost 5 percent of the world's adult population - take illegal drugs, the same proportion as a decade ago. The annual U.S. bill for attempting to diminish the supply of drugs is $40 billion. Of the 1.5 million Americans arrested each year on drug offenses, half a million are incarcerated. ʼTougher drug laws are the main reason why one in five black American men spend some time behind bars,ʼ the Economist said in March. (Will 2009)[57]

Com efeito, entre os anos de 1998 e 2008, período de maior recrudescimento no combate internacional às drogas, o número de consumidores de substâncias derivadas do ópio experimentou um acréscimo de 34,5%, passando de 12,9 milhões para 17,35 milhões usuários. O mesmo

---

[56] George Frederick Will, escritor, jornalista, colunista, vencedor do prêmio Pulitzer de jornalismo de 1977, foi considerado pelo Wall Street Journal, em 1986, como *o jornalista mais poderoso dos Estados Unidos da América* (D'Evelyn 1986).

[57] "A revista *The Economist* afirma que mais de duzentos milhões de pessoas - quase cinco por cento da população adulta do mundo - utilizam drogas ilegais, a mesma proporção de uma década atrás. O orçamento anual dos EUA direcionado a mitigar a oferta de drogas é de US $40 bilhões. Dos um milhão e meio de americanos apreendidos por ano, em razão de delitos relacionados com as drogas, meio milhão está encarcerado. 'As leis mais duras contra as drogas são a principal razão pela qual um em cada cinco americanos negros passa algum tempo atrás das grades', disse *The Economist* em março" (Will 2009) (traduzido do inglês para o português).

se verificou quanto aos consumidores de cocaína, de 13,4 milhões para 17 milhões, 27% a mais, e de maconha, de 147,4 milhões para 160 milhões, aumento de 8,5% (Comissão Global de Políticas sobre Drogas 2011).

Assim, pode-se afirmar não haver correlação entre o rigor na legislação (leia-se: criminalização) e o consumo de drogas. Os cidadãos sujeitos às leis mais rígidas, onde o uso de droga configura crime, não consomem menos do que aqueles sujeitos às leis menos rígidas, onde os usuários não são considerados criminosos. Nem mesmo as diferenças culturais explicam esse fenômeno.

George Frederick Will (2009), ao defender essa ideia, toma por exemplo a realidade vivenciada pela Suécia e Noruega. Pode-se dizer que ambas têm o mesmo padrão cultural quanto ao respeito da legalidade. Mesmo a Suécia tendo legislação mais rígida no combate às drogas e sendo a Noruega bem mais liberal, apresentam os mesmos índices de consumo ilícito. E mais: ressalta que o progresso mais relevante de diminuição do uso de drogas se dá justamente com o cigarro, droga com poder de vício maior que as substâncias consideradas ilegais.

Da mesma forma, também não se pode afirmar que décadas de proscrição e criminalização reduziram os danos causados ou relacionados às drogas. O direcionamento prioritário das ações repressivas contra os usuários de drogas tem o efeito negativo de dificultar o acesso às medidas de saúde pública capazes de mitigar o número de mortes decorrentes das doenças relacionadas ao consumo de substâncias psicoativas (como contaminação pelo vírus do HIV, por exemplo); de overdose; e outras consequências nocivas inerentes ao comportamento adicto. A insistência em ações ineficazes de repressão e criminalização redunda em grande desperdício de recursos públicos que poderiam ser canalizados para ações tendentes à redução da demanda e dos danos relacionados com as drogas (Comissão Global de Políticas sobre Drogas 2011), tal qual ocorre com o álcool e o tabaco.

Conclusão semelhante foi obtida por David Nutt (2012), segundo o qual milhões de usuários de drogas injetáveis, no mundo, são portadores do vírus HIV e outro tanto, embora ainda não contaminados, se enquadram no grupo de risco. Medidas preventivas, como o fornecimento de seringas descartáveis, por exemplo, não podem ser adotadas em diversos países por conta da proscrição e criminalização dessas mesmas drogas. Ou seja, a intenção da criminalização era mitigar os danos inerentes às drogas, mas produziu o efeito inverso.

Na verdade, essa discussão sobre as consequências da *guerra contra as drogas* não é recente. Sua conclusão em nada difere daquela alcançada pela *Comissão Wickersham*, instituída em 1931 pelos Estados Unidos da América, para avaliar o impacto da proibição do álcool naquele país. A experiência da Lei Seca, inserida no contexto histórico proibicionista do início do século passado, pode e deve servir de parâmetro emblemático para a *guerra contra as drogas*:

> The constant cheapening and simplification of production of alcohol and of alcoholic drinks, the improvement in quality of what may be made by illicit means the diffusion of knowledge as to how to produce liquor and the perfection of organization of unlawful manufacture and distribution have developed faster than the means of enforcement. But of even more significance is the margin of profit in smuggling liquor, in diversion of industrial alcohol, in illicit distilling and brewing, in bootlegging, and in the manufacture and sale of products of which the bulk goes into illicit or doubtfully lawful making of liquor. This profit makes possible systematic and organized violation of the National Prohibition Act on a large scale and offers rewards on a par with the most important legitimate industries. It makes lavish expenditure in corruption possible. It puts heavy temptation in the way of everyone engaged in enforcement or administration of the law. It affords a financial

basis for organized crime. (National Commission on Law Observance and Enforcement 1931, 92)[58]

Assim, como resultado de sua inerente criminalização, mesmo tendo consumido, no mínimo, U$1 trilhão; custado a vida de milhares de pessoas; e ter encarcerado aos milhões; pode-se dizer que a *guerra contra as drogas* não reduziu a oferta de substâncias psicotrópicas consideradas ilícitas; não reduziu a demanda por drogas; nem mitigou os danos dela decorrentes.

> [...] as abordagens punitivas fracassaram retumbantemente em sua meta de extinguir o mercado. E o que é pior: levaram a consequências sociais e de saúde devastadoras para os usuários de drogas, para outros atores no comércio de drogas e para a sociedade em geral. Inúmeras violações de direitos humanos são cometidas diariamente em nome do controle de drogas: pena de morte, execuções extrajudiciais, tortura, brutalidade policial e programas de tratamento desumanos para usuários de drogas. (Comissão Global de Políticas sobre Drogas 2016, 11)

No entanto, não obstante o evidente fracasso da criminalização que se consubstancia na *guerra às drogas*, persiste na sociedade e nos formuladores de políticas públicas, nacionais e globais, forte resistência a reconhecer a falência das estratégias repressivas, bem como de debater sobre alternativas mais eficientes e humanas. Uma revisão metodológica se impõe e seu ponto de partida é o reconhecimento de que o problema relacionado às drogas é um desafio interligado para a saúde e a segurança

---

[58] "O constante barateamento e simplificação da produção de álcool e de bebidas alcoólicas, o aperfeiçoamento da qualidade daquilo que pode ser produzido por meios ilícitos, a difusão do conhecimento da maneira de produzir bebidas alcoólicas e a perfeição da organização da manufatura e distribuição ilegais se desenvolveram com mais rapidez do que os meios de coerção para o respeito à lei. Mais significativa, porém, é a margem de lucro no contrabando de álcool, no desvio da produção de álcool, na destilação e fermentação ilegais, no transporte clandestino e na fabricação e venda de produtos cuja maior parte sirva para obter bebidas alcoólicas fabricadas de maneira ilícita. Esse lucro possibilita a violação organizada e sistemática da Lei Nacional de Proibição em ampla escala e oferece ganhos idênticos às das indústrias legítimas mais importantes. Torna possíveis gastos milionários para corrupção. Coloca grandes tentações no caminho de todos os que se dediquem à aplicação e administração da lei. Proporciona base financeira para o crime organizado" (traduzido do inglês para o português).

das sociedades, muito mais do que uma guerra a ser vencida (Comissão Global de Políticas sobre Drogas 2011).

3 SUBMISSÃO DA CRIMINALIZAÇÃO DAS DROGAS AO PRINCÍPIO DA PROPORCIONALIDADE

Uma vez compreendidos o *princípio da proporcionalidade*, em suas quatro dimensões[59], a *guerra contra as drogas*, desenvolvida nas suas três fases e seu fundamento jurídico, tem-se por necessário submeter a norma penal que criminaliza as substâncias psicoativas ao teste de constitucionalidade, através do crivo da razoabilidade.

Como visto, a criminalização dos psicotrópicos, sobretudo quanto ao tráfico, é o cerne da *guerra às drogas*, de forma que, a aferição da constitucionalidade da norma penal que a fundamenta redundará na própria aferição da política de combate às substâncias psicoativas.

Tal aferição não se faz a partir de específica legislação (brasileira, americana, italiana *et coetera*), senão de forma mais geral[60], a servir de parâmetro para estudos científicos futuros, de objeto mais específico. Também não se faz a partir de determinado tipo penal, visto de forma isolada (proibição do consumo, por exemplo), senão de todo o plexo de condutas proscritas e criminalizadas relacionadas com as drogas, desde o uso de psicoativo até (e principalmente) o narcotráfico.

---

[59] Consubstanciadas em seus três clássicos elementos (*necessidade, adequação* e *proporcionalidade em sentido estrito*) e o quarto ora proposto (*menor ofensividade social*).
[60] Até porque as leis que proscrevem as drogas, em quase todos os Estados, apresentam-se de maneira quase uniforme, fundadas que são nos tratados internacionais sobre as substâncias psicotrópicas.

3.1 INIDONEIDADE DO TRATAMENTO CRIMINAL ÀS DROGAS

Conforme já observado, o juízo de *adequação* da lei para alcançar o fim proposto, submetida ao crivo da proporcionalidade, deve ser o primeiro a ser considerado na ponderação acerca de sua constitucionalidade.

Adequada será a medida legislativa que guardar conexão, fundada em hipóteses comprovadas sobre a realidade empírica, entre o estado de coisas alcançado pela intervenção e o estado de coisas no qual o propósito puder ser considerado realizado. Todas as medidas adotadas pelo Estado que não implicarem nessa conexão empiricamente comprovável são consideradas desproporcionais e, por via de consequência, inconstitucionais (Dimoulis e Martins 2011).

Dito isso, o ponto de partida para aferir a constitucionalidade da *guerra contra as drogas*, consubstanciada na norma incriminadora que proscreve os psicotrópicos, fundada na filosofia do direito penal do inimigo, é a investigação dos seus resultados práticos. Equivale a indagar: a criminalização dessas substâncias alcançou o resultado pretendido?

E o resultado a ser considerado é a proteção do bem jurídico, de ordem constitucional, tutelado pela norma incriminadora, a saúde e incolumidade pública. Não é demais repetir que se verifica a *adequação* da norma penal quando esta é capaz de tutelar o bem jurídico de índole fundamental – objetivo ao qual se propôs, uma vez que o direito penal deve ser entendido como um meio, o último recurso, para consecução dos bens garantidos constitucionalmente, não como um fim em si próprio, desvinculado de sua finalidade prática.

Referida avaliação será realizada a partir da forma em que a lei que proscreve as drogas foi recebida pela sociedade[61] – é dizer: tomando-se por marco o próprio resultado da *guerra contra as drogas*. A aferição de proporcionalidade através de juízo prognóstico, típico da ação legiferante, torna-se despicienda no atual contexto proibicionista – um século de experiência no combate às substâncias ilícitas mostra-se suficiente para uma análise concreta, a afastar ilações de natureza abstrata.

Dessa forma, demonstrando-se que a norma penal (proscrevendo o uso, a produção e o tráfico de drogas) se fez útil à mitigação dos males decorrentes do consumo de drogas, têm-se por sua *adequação*. No sentido oposto, verificada a inutilidade da regra incriminadora à consecução da proteção do bem constitucional tutelado, deve-se concluir por sua inadequação[62] e consequente desproporcionalidade, condutora à inconstitucionalidade.

A criminalização dos psicoativos, base legal da *guerra contra as drogas,* objetiva tutelar a saúde e incolumidade pública a partir de três frentes: 1) reduzir a oferta de substâncias psicotrópicas consideradas ilícitas; 2) reduzir a demanda por drogas; e 3) mitigar os danos decorrentes das drogas. Portanto, a análise da utilidade, a aferir sua *adequação*, deve ser sistematizada a partir dessa compartimentação. Em sentido semelhante:

> As políticas de drogas devem estar fundamentadas em evidências empíricas e cientificas sólidas e confiáveis. O principal critério de sucesso deveria ser a redução de danos à saúde, à segurança e ao bem estar dos indivíduos e da sociedade. (Comissão Global de Políticas sobre Drogas 2011, 5)

Conforme capítulo anterior, a criminalização que fundamenta a *guerra contra as drogas,* mesmo tendo consumido, no mínimo, um trilhão

---

[61] Embora admitindo a análise em prognose, Mariângela Gama de Magalhães Gomes (Gomes 2003, 131) defende: "É a partir do modo como a norma é recebida pela sociedade, demonstrada pela conformação dos comportamentos dos indivíduos aos valores nela explicitados, que se afere a sua adequação a tal tarefa".

[62] É que o direito penal somente se legitima quando sua intervenção se mostra útil (Mir Puig 2002).

de dólares; custado a vida de milhares de pessoas; e ter encarcerado aos milhões: 1) não reduziu a oferta de psicotrópicos; 2) não reduziu a demanda por drogas; e 3) nem mitigou os danos delas decorrentes. Posição semelhante apresenta David Nutt (2012, 280):

> After forty years, thousands killed, millions imprisoned, and $1 trillion spent (or $2.5 trillion depending on who you ask), we are still no closer to controlling either the supply - or demand-side of the illicit drug trade. Government interventions on the supply side are seen as a cost of business, like a tax rather than a serious threat; and the billions spent on DARE programes and locking up users haven't stopped the inexorable rise of drug use in most parts of the world. In its own terms, the War on Drugs has failed, and the evidence shows it was also the wrong strategy for harm reduction. The intentional and perverse effects of the war have spread disease, held back medical research, brought the law into disrepute, and ruined the lives of millions.[63]

Além de não ter realizado o objetivo proposto, já não há sequer perspectiva que no futuro, próximo ou distante, a criminalização das substâncias psicotrópicas cumpra sua missão constitucional – a proteção da saúde e incolumidade pública[64].

Desde a década de 1950, quando a Organização das Nações Unidas implantou um sistema global de proibição das substâncias psicoativas, muito se aprendeu sobre a natureza e os padrões de produção, distribuição,

---

[63] "Depois de quarenta anos, milhares de mortos, milhões de presos e US $1 trilhão de dólares em gastos (ou US $2,5 trilhões, para alguns), nós não estamos nem perto ainda de controlar ao menos a oferta - ou mesmo a demanda pelo comércio de drogas ilícitas. As intervenções governamentais relacionadas à oferta são vistas pelos traficantes como um custo comercial, um imposto, ao invés de uma grave ameaça; e os bilhões gastos em programas de educação e enfrentamento, bem como a prisão dos usuários, ainda não estancou o inexorável aumento do consumo de droga na maior parte do mundo. Em seus próprios termos, a guerra contra as drogas falhou e a evidência mostra que se utilizou de uma estratégia errada para a redução dos danos. Os efeitos perversos e intencionais da guerra têm espalhado doenças, inibido a pesquisa médica, colocado a lei em posição de descrédito e arruinado a vida de milhões" (traduzido do inglês para o português).

[64] "Desconsiderando tabaco e álcool por um momento, uma abordagem de controle somente pode ser considerada como política social razoável contra as drogas ilícitas se demonstrar alguma esperança real de sucesso. No entanto, isso não acontece. Apesar de muitos recursos serem utilizados na eliminação das drogas ilícitas, existe pouquíssima evidência de que temos alguma chance de ganhar a 'guerra contra as drogas'. O registro é longo e triste — a 'guerra contra as drogas' fracassou. Mas isso não tem que ser assim. Algumas estratégias alternativas têm uma chance muito maior de sucesso do que as atuais" (Rowe 2006, 197) (traduzido do inglês para o português).

uso e dependência de drogas, bem como sobre a eficiência das tentativas para reduzir esses problemas. Perfeitamente compreensível que cinquenta anos atrás, a par das escassas informações existentes, os formuladores do sistema acreditassem no acerto da proposta de erradicação da produção e do uso das drogas (Comissão Global de Políticas sobre Drogas 2011). O juízo em prognose apontava para utilidade na criminalização dos psicoativos, pelo que se justificava o argumento da *adequação*[65].

Entretanto, a experiência tem demonstrado inequivocamente a falência da estratégia de criminalizar o uso e o fornecimento das substâncias psicotrópicas, de forma que, atualmente, o juízo concreto[66] da utilidade de tal medida legislativa aponta, necessariamente, para sua inadequação – inábil que se mostrou à consecução de seu fim. Nesse sentido:

> Nada justifica, no entanto, continuar hoje a ignorar a evidência e a experiência acumuladas desde então. As políticas e estratégias de drogas continuam sendo fortemente influenciadas por preconceitos e visões ideológicas ou de conveniência política, que não levam em conta a crescente complexidade do mercado de drogas e das questões relativas ao uso e à dependência das mesmas. (Comissão Global de Políticas sobre Drogas 2011, 5)

Restou consignado em capítulo anterior, mais especificamente sobre o resultado da *guerra contra as drogas*, a demonstração de que quanto mais se investe no combate à circulação de substâncias psicotrópicas, mais arriscada se torna a atividade do narcotráfico e, consequentemente, os lucros aumentam. Ou seja, do reforço na *guerra contra as drogas* decorre, quase sempre, o incremento no número de indivíduos dispostos a assumir os riscos do negócio em contrapartida ao ganho oferecido. A mesma linha de

---

[65] "Questão importante acerca do juízo prognóstico diz respeito aos seus limites, uma vez que, durante a elaboração legislativa, é impossível antever todos os resultados advindos da existência da norma incriminadora, que é destinada a ir se adaptando, com o tempo à sociedade. O ponto nevrálgico da questão baseia-se na possibilidade de que o legislador se equivoque acerca dos resultados posteriores à sua análise, e diz respeito às consequências que isto gera para o juízo de proporcionalidade da lei" (Gomes 2003, 132).

[66] E mesmo aquele realizado em prognose.

raciocínio é desenvolvida por Mariângela Gomes de Magalhães Gomes (2003, 147):

> Ao tornar criminosa a conduta que corresponde à comercialização de substância entorpecente, o que se faz, na realidade, é limitar o fornecimento do produto proibido, incrementando o risco do vendedor e fazendo aumentar o preço da mercadoria. [...] ao fazer aumentar o preço, poder-se-ia supor que isto faria com que as pessoas parassem de adquirir a mercadoria proibida. No entanto, a experiência tem demonstrado que não é bem assim que as coisas funcionam, e as pessoas continuam a comprar entorpecentes, ainda que tenham que roubar, por exemplo, para pagarem o preço.

Acerca do tema, Thomas C. Rowe (2006, 1784) alerta que os lucros relacionados ao narcotráfico são tão altos que compensariam, na ótica enviesada dos traficantes, a probabilidade de uma futura sanção de natureza penal. Atenta ainda que a criminalização da atividade, por suas peculiaridades, não põe temor suficiente aos que se propõem a traficar sendo, por isso, inadequada aos fins perseguidos.

> The profits in the drug trade are so high that paying for criminal acts with a prison term is part of the price that they figure into their personal equations up front. Second, drug criminals fear one another far more than they fear the police; the police have to give them due process, but other dealers will simply kill them. Third, where else can they make this much money? If the competitive business practices of their rivals (murder, extortion, and kidnapping) fail to deter the drug trafficker, what chance does a long jail term have? It would take prison terms of such lengths or other punishments insupportable in a democracy to have much of an impact on the typical drug dealer.[67]

---

[67] "Os lucros do tráfico de drogas são tão altos, que pagar pelos atos criminosos com uma pena de prisão é parte do preço que figuram em suas equações pessoais para o futuro. Em segundo lugar, os traficantes temem muito mais um ao outro do que à polícia; a polícia está limitada ao devido processo legal, enquanto que os traficantes concorrentes simplesmente os matam. Em terceiro lugar, onde mais os traficantes poderiam faturar todo esse dinheiro? Se as práticas concorrenciais de seus rivais (assassinato, extorsão e sequestro) não conseguem deter os traficantes, o que dizer de uma pena rígida? Seria preciso penas muito mais longas ou punições incompatíveis com uma democracia para termos um impacto mais expressivo sobre os traficantes" (traduzido do inglês para o português).

E o mesmo fracasso se verifica em relação à demanda por substâncias ilícitas. A proscrição, mesmo que consubstanciada na criminalização do usuário, não se mostrou apta a mitigar a busca por drogas. Não obstante configurar delito, 5,5% da população adulta mundial faz uso de alguma substância psicoativa ilícita ao menos uma vez por ano.

Na verdade, as estimativas parecem demonstrar que o mesmo fenômeno manifesto na comercialização das substâncias psicotrópicas, se verifica no nível do usuário: o investimento no combate às drogas é acompanhado do incremento no consumo.

Conforme já mencionado, entre os anos de 1998 e 2008, período de maior recrudescimento no combate internacional às drogas, o número de consumidores de substâncias derivadas do ópio experimentou um acréscimo de 34,5%, passando de 12,9 milhões para 17,35 milhões usuários. O mesmo se verificou quanto aos consumidores de cocaína, de 13,4 milhões para 17 milhões, 27% a mais, e de maconha, de 147,4 milhões para 160 milhões, aumento de 8,5%.

No mesmo sentido, Mariângela Gama de Magalhães Gomes (2003, 146-147) pondera que nem mesmo o aumento no preço das drogas, decorrente da criminalização da atividade, é fator relevante para mitigar a demanda, o que demonstra, mais uma vez, a patente inidoneidade do tratamento penal dado às substâncias psicotrópicas. É o que se pode inferir do pensamento a seguir registrado:

> Efeito semelhante se observa quando se incrimina a conduta de comercializar substância entorpecente. Para se apreender o que se passa com esta modalidade delituosa, deve-se considerar, inicialmente, que o comércio, de maneira geral, comporta transações voluntárias entre vendedores e compradores, sendo que cada um procura realizar aquilo que deseja. Neste campo, a demanda por determinada mercadoria pode sofrer variações de acordo com a alteração de um ou alguns fatores influentes nas relações econômicas, tais como a preferência e o poder de compra do consumidor, o preço do próprio bem ou de bens substitutos ou complementares, sua

qualidade, e assim por diante, de modo que a elasticidade da demanda é analisada de acordo com a sua mutabilidade perante a tais oscilações. Assim, apenas quando a demanda é elástica, o aumento de preços acarreta uma diminuição na procura; enquanto as pessoas que se dispõem a pagar determinado valor por um automóvel normalmente desistem de comprá-lo quando o seu valor é repentinamente dobrado, para determinadas mercadorias, como remédios, sal e entorpecentes, por exemplo, o desejo de adquirir o produto é tão forte que o preço não influencia a decisão.

Ademais, os fatores que influenciam na tomada de decisão individual para principiar a usar substâncias psicoativas guardam mais relação com a moda, a influência dos pares e o contexto socioeconômico, do que com o *status* legal da droga, o risco da prisão ou as mensagens de prevenção do governo (Comissão Global de Políticas sobre Drogas 2011).

Quando se trata de drogas ilícitas, nem mesmo campanhas publicitárias, por mais massivas que sejam, alcançam o resultado pretendido – no combate às drogas são, na melhor das hipóteses, estéreis, quando não têm o condão de produzir o efeito contrário[68].

Assim como não fez refrear a demanda e a oferta por substâncias ilícitas, a *guerra contra as drogas* também não alcançou o objetivo de mitigar os danos à saúde relacionados ao consumo abusivo. Nesse aspecto, o resultado é ainda pior, sendo o oposto do pretendido. Assim defende Fernando Henrique Cardoso (2011, 3):

> Toda a evidência disponível demonstra que as medidas punitivas por si só, por mais duras que sejam, não são capazes de reduzir os consumos. Pior, em muitos casos têm consequências nefastas. Ao estigmatizar os usuários de

---

[68] Nesse sentido concluíram Marina Davoli, Roland Simon e Paul Griffiths (2010, 437): "Seria ingênuo sugerir que as políticas modernas contra as drogas são exclusivamente direcionadas por uma fria avaliação das evidências científicas sobre a eficácia. Muitos exemplos podem ser citados para demonstrar que este não é o caso, como o investimento de grandes somas de dinheiro nos meios de comunicação em massa com campanhas antidrogas, quando cada vez mais evidencia-se de que estas, na melhor das hipóteses, são ineficazes ou, na pior, contra-produtivas" (traduzido do inglês para o português).

drogas, o medo da polícia e o risco de prisão tornam mais difícil o acesso ao tratamento.

Como visto, o direcionamento prioritário das ações repressivas contra os usuários de drogas dificulta o acesso às medidas de saúde pública capazes de mitigar o número de mortes decorrentes das doenças relacionadas ao consumo de substâncias psicotrópicas (como contaminação pelo vírus do HIV, por exemplo); de overdose; e outras consequências nocivas inerentes ao comportamento adicto.

A insistência em ações ineficazes de repressão e criminalização redunda em grande desperdício de recursos públicos que poderiam ser canalizados para ações tendentes à redução da demanda e dos danos relacionados com as drogas.

Medidas preventivas, como o fornecimento de seringas descartáveis, por exemplo, não podem ser adotadas em diversos países por conta da proscrição e criminalização dessas mesmas drogas.

A criminalização das substâncias psicoativas provoca também outro deletério e grave efeito à saúde dos usuários, torna o consumo bem mais inseguro. Da falta de controle e regulação inerente à clandestinidade, própria da atividade ilícita, resulta a circulação de drogas impuras e, muitas das vezes, misturadas com substâncias ainda mais nocivas ao organismo humano.

Dessa forma, se o objetivo é mitigar os danos relacionados ao consumo de psicoativos, a legalização, seguida de regulação, se configuraria (em juízo prognóstico) na medida legislativa *adequada*, não a criminalização.

A regulação das substâncias psicotrópicas resultaria em ganho real para a saúde pública. Uma vez que os usuários são obrigados a comprar drogas de fontes clandestinas, nunca sabem o que efetivamente estão recebendo, nem podem ter certeza do potencial da substância adquirida. Um usuário de heroína pode esperar obter um pacote que seja 20% puro e receber um que é a metade ou o dobro disso. O cálculo da dose para ter um efeito ideal tornar-se problemático (Rowe 2006).

Ademais, quando os adictos adquirem heroína, por exemplo, é quase certo da mesma vir adulterada com produtos que podem ser muito prejudiciais. Finalmente, os usuários podem não ter acesso a uma agulha limpa para injeção, o que pode trazer sérios riscos à saúde, os quais são causados não pela droga em si, mas pelo fato de se tratar de uma substância proscrita. Se regulamentada, poderiam obter o produto de uma empresa farmacêutica respeitável, saberiam exatamente o que estariam recebendo e, sem dúvida, teriam acesso a modos de entrega mais esterilizados (Rowe 2006).

Acrescente-se que os fatores preponderantes ao desenvolvimento de padrões de uso problemático (vício, doenças delas decorrentes, atos de violência *et coetera*) se relacionam mais com traumas ou negligências na infância, condições de vida impróprias, marginalização social e problemas emocionais (fatores que não se suprimem por força da lei penal), do que com a fragilidade moral ou hedonismo (Comissão Global de Políticas sobre Drogas 2011).

Assim, a história da proscrição das drogas, em matéria criminal, demonstra sua completa inadequação à proteção da saúde e incolumidade pública, fazendo transparecer o argumento subjacente a sustentar a *guerra contra as drogas*, não obstante seu completo fracasso – aquele de cunho moral.

Ocorre que, questões de ordem eminentemente moral podem até suscitar medidas governamentais tendentes à regulação das drogas, ilações acerca do caráter de seus usuários, reprovação de natureza social e reações outras do mesmo gênero, mas não podem, jamais, se tornar a razão de ser da norma penal.

As leis não se prestam a punir a imoralidade, senão para garantir a justiça. Por isso, devem ser pragmáticas, em vez de éticas. O proibicionismo se apoia no moralismo que "legitima" a *guerra contra as drogas* como resultado de um "imperativo ético", desvinculando a natureza das drogas dos efeitos sociais decorrentes de seu consumo (Pizano 2013).

A própria noção do que significa crime não pode ter uma aproximação ética, senão pragmática. É nessa linha de raciocínio que Clarence Darrow (1922) o define como ato proibido pela lei, suficientemente grave para justificar sua inerente pena, não implicando, necessariamente, que seja, na perspectiva ética, bom ou ruim.

A *ultima ratio* da lei incriminadora demanda a proteção de um bem garantido constitucionalmente, não de um mero juízo valorativo (subjetivo, sazonal e territorial que é) acerca do comportamento humano. Demanda ainda que seja adequada à tutela pretendida. Por isso mesmo, não obstante ao tabu, ao caráter sagrado que permeia às discussões sobre as drogas,

> Líderes políticos e formadores de opinião devem ter a coragem de dizer em público o que muitos deles reconhecem em particular: que as pesquisas comprovam de modo irrefutável que as estratégias repressivas não são nem serão capazes de resolver o problema das drogas e que a guerra às drogas não foi nem pode ser vencida. Cabe aos governos discutir e adotar políticas mais abrangentes, apropriadas a suas realidades nacionais, e lidar com os problemas causados pelos mercados de drogas e pelo uso de drogas de modo a reduzir os níveis de violência e criminalidade associadas ao tráfico de drogas e a reduzir os danos que as drogas causam à saúde e bem estar das pessoas. (Comissão Global de Políticas sobre Drogas 2011, 10)

Independentemente da legalização ou criminalização as pessoas continuarão a comprar substâncias psicotrópicas. É uma decisão política se elas o farão em um *coffee shop* (a um *barman*), ou em guetos (a criminosos munidos de AK-47).

Enfim, pode-se afirmar com segurança que a norma penal que proscreve do uso de psicotrópicos ao narcotráfico, base legal da *guerra contra as drogas*, é inadequada aos fins por ela perseguidos, não atendendo, por isso mesmo, ao *princípio da proporcionalidade*.

3.2 DESNECESSIDADE DO TRATAMENTO CRIMINAL ÀS DROGAS

A rigor, a conclusão pela inadequação da norma penal aos fins pretendidos, indicativa de sua desproporcionalidade, esgotaria a investigação acerca da sua constitucionalidade, uma vez que as ponderações acerca da necessidade se dão no cotejo dos meios considerados adequados.

No entanto, para os fins didáticos da presente obra, tem-se por relevante prosseguir na averiguação da razoabilidade do tratamento criminal ao qual se submetem as substâncias psicoativas, a fim de verificar a compatibilização da norma penal a cada um dos elementos do *princípio da proporcionalidade*. Passa-se, então, à análise da *necessidade*.

Dentre todos os meios *adequados* a alcançar os propósitos da norma, somente aquele que gravar o direito fundamental com menor intensidade será o *necessário*. Todos os demais, embora idôneos, devem ser considerados desnecessários e, portanto, desproporcionais. Se o legislador houver escolhido um meio mais gravoso do que o necessário, sua escolha deve ser considerada inexigível, consequentemente desproporcional e, por isso, inconstitucional (Dimoulis e Martins 2011).

O elemento *necessidade* estabelece a ideia de que o cidadão tem o direito à menor desvantagem possível, exigindo a demonstração de que, para a obtenção de determinados fins, não era possível adotar outro meio menos oneroso para o indivíduo (Canotilho 1998).

Pode-se, então, entender desproporcional a medida legal quando: 1) o meio alternativo for menos gravoso ao indivíduo; e 2) o meio alternativo for, no mínimo, tão eficiente quanto a outra medida, mais gravosa. No mesmo sentido:

> El examen de necesidad requiere analizar, en primer lugar, si existen medios equivalentes, por lo menos, de una misma idoneidad a la de la medida para contribuir a alcanzar el fin constitucionalmente legítimo desde todas las perspectivas posibles, de entre las que destacan: la eficacia, la temporalidad y la probabilidad del fin. En segundo lugar, requiere que el medio alternativo de igual o superior idoneidad intervenga con menor intensidad en el derecho fundamental. (Cruz 2010)

No âmbito do direito penal, a análise do elemento *necessidade* se sustenta na exigência constitucional de que o interesse a ser protegido, o bem juridicamente tutelado pela norma incriminadora, apresente relevância suficiente para poder justificar, em contrapartida, uma delimitação da esfera de liberdade individual, em razão do interesse coletivo.

Isso porque, como visto, a intervenção punitiva se afigura como a técnica de controle social mais gravosamente lesiva da liberdade e da dignidade dos cidadãos, pelo que o princípio da *necessidade* exige que se recorra a ela somente como remédio extremo (Ferrajoli 2006). No mesmo sentido, embora cotejando *adequação* e *necessidade* no âmbito do princípio da intervenção mínima, é o raciocínio de Cezar Roberto Bitencourt (2008, 13):

> O *princípio da intervenção mínima*, também conhecido como *ultima ratio*, orienta e limita o poder incriminador do Estado, preconizando que a *criminalização* de uma conduta só se legitima se constituir meio necessário para a proteção de determinado bem jurídico. Se outras formas de sanções ou outros meios de controle social revelarem-se suficientes para a tutela desse bem, a sua criminalização será inadequada e desnecessária. Se para o restabelecimento da ordem jurídica violada forem suficientes medidas civis ou administrativas, são estas que devem ser empregadas e não as penais. Por isso o direito penal deve ser a *ultima ratio*, isto é deve atuar somente quando os demais ramos do direito revelarem-se

incapazes de dar a tutela devida a bens relevantes na vida do indivíduo e da própria sociedade.

Somente os bens valorados constitucionalmente, absolutamente relevantes à consecução dos direitos fundamentais, podem ser tutelados pela via do direito penal. Além disso, há de se demonstrar que não seria possível a tutela de referido direito fundamental por meio de outro mecanismo que não fosse a lei incriminadora, *ultima ratio* por natureza.

Conforme já consignado, somente conjugadas essas duas faces da *necessidade* pode-se aferir a proporcionalidade da norma penal. Assim, a lei que proíbe e criminaliza a comercialização de substâncias psicoativas, base legal da *guerra contra as drogas*, somente será *necessária*: 1) demonstrando-se que a saúde e incolumidade pública, bens juridicamente tutelados, figuram dentre aqueles considerados constitucionalmente, essenciais ao pleno desenvolvimento da sociedade; e 2) demonstrando-se que não seria possível a tutela de tais bens a partir de outro mecanismo (tão eficiente quanto), administrativo ou legal, que não seja a incriminação (mais onerosa ao indivíduo).

A partir dessas premissas, sem recorrer ao debate que questiona ser ou não a saúde pública um direito fundamental palpável, passível de ser concretizado, tomando-se por partida o discurso oficial que assim a reconhece, para os fins da presente obra, assume-se ser direito garantido constitucionalmente, diretamente decorrente da dignidade da pessoa humana, pelo que restaria atendido, portanto, o primeiro critério de verificação da necessidade da norma penal que proscreve e criminaliza as substâncias psicotrópicas. No entanto, restaria saber se a saúde pública, no específico contexto do problema das drogas, pode ser alçada à categoria de bem jurídico tutelável pela *ultima ratio* do direito penal, uma vez que

> [...] só poderá ser reconhecido como bem jurídico o que possa ser reduzido a um ente próprio da pessoa humana, quer dizer, para ser tomado como bem jurídico será preciso que determinado valor possa implicar, direta ou indiretamente, um

> interesse individual, independentemente de se esse interesse individual corresponde a uma pessoa determinada ou a um grupo de pessoas indistinguíveis. Por exemplo, a incolumidade pública, para assegurar sua qualidade de bem jurídico, não pode ser vista dentro do contexto da ordem pública, mas na de um estado de estabilidade da pessoa humana, sentida dentro de um grupo social ainda que indeterminado, em face de perigos para a sua vida, saúde e patrimônio. [...] Se não se puderem reduzir os dados dessa atividade controlada a situações concretas de perigo ou de dano à vida, à saúde ou ao patrimônio de pessoas, não se estará diante de um bem jurídico, mas sim de uma verdadeira e simples função. (Tavares 2002, 217)

Considerando que não cabe ao direito penal punir a autolesão, o dado a se verificar seria se o consumo de drogas, afetando a saúde pública, tem o potencial de expor à perigo ou causar dano à saúde e segurança de terceiros. Algumas substâncias psicoativas, lícitas e ilícitas, efetivamente apresentam essa capacidade – álcool, tabaco, heroína e *crack*, por exemplo. Tratando-se das atividades relacionadas à oferta de drogas, admitindo-se que o terceiro lesionado é o próprio usuário, chega-se à mesma conclusão. No entanto, a partir do entendimento que tornar possível ou auxiliar a autolesão consciente não vulnera bens jurídicos de outros (Roxin 2016), poder-se-ia objetar que, nesses casos, à saúde pública não deveria ser dirigida a tutela penal. Uma vez que tal debate não é compatível com a delimitação proposta para a presente obra, nem a ela grande diferença faria qualquer que fosse sua conclusão, partir-se-á da declaração oficial de que a saúde pública é bem jurídico passível de tutela pela criminalização das drogas.

Quanto ao segundo critério, verificador da existência de meio menos oneroso e de (pelo menos) igual eficiência que a criminalização, apto à mitigação dos problemas de saúde e incolumidade pública decorrentes do consumo abusivo de drogas, faz-se por cogente uma análise mais detida.

Importante registrar que a busca por meios alternativos à criminalização das drogas não é tarefa fácil. E o problema não reside na prova da eficácia de outros métodos, que não o tratamento penal das substâncias psicotrópicas, mas no viés ético-moral que costuma contaminar as discussões e tomadas de decisão inerentes ao tema.

É nesse aspecto o alerta de Thomas C. Rowe (2006, 164) para o fato de que na *guerra contra as drogas* qualquer ação embasada numa posição moral, como as pesadas penas de prisão para o uso ou venda de uma substância ilícita, é tida por eficaz, enquanto qualquer possibilidade racional é rejeitada[69] [70].

Em sentido semelhante, sobre o argumento moral que permeia o debate sobre as drogas em contraposição à questão de saúde pública, historiam Davoli, Simon e Griffiths (2010, 437):

> Interventions towards substance use and dependence have always been topics of discussion well beyond the public health arena. Ethical issues relating to the use of drugs have influenced the objectives and aims of interventions, both preventive and therapeutic. Indeed, the historical development of drug policy is often represented as an ongoing debate between a moral position in which drug use is portrayed as

---

[69] "Muitas pessoas concordam que nós estamos perdendo ou já perdemos essa guerra. Poucas pessoas sugerem que estamos vencendo ou temos alguma esperança real de vencer. As razões para isso são variadas, mas parece ser principalmente porque confundimos consistentemente a postura moral ('vamos endurecer contra as drogas') com medidas de eficácia. Qualquer ação que auxilia uma posição moral, como penas duras por uso ou venda de uma droga ilícita, é vista como eficaz, enquanto qualquer outra possibilidade é rejeitada. O resultado é uma política social que nos leva a jogar dinheiro pelo ralo, sem retorno" (Rowe 2006, 164) (traduzido do inglês para o português).

[70] Isso ocorre em razão da idiossincrasia do sistema jurídico. Assim, "não podemos afirmar que o direito, enquanto produto legislativo, como fenômeno vivido, em todas as suas nuances, corresponda à manifestação racional absoluta, o que apresenta repercussões consideráveis no que tange à sua eficácia. A 'contradição' ou 'paradoxo' interno do ser humano gera 'contradição' externa correspondente, que aflora cada vez mais forte na sociedade contemporânea, marcada pela exacerbação da necessidade e da violência. O direito, como verbo, expressa referida 'contradição'" (Machado 2005).

'criminal' and 'deviant' and a public health position where drug users are seen as in need of treatment and help.[71]

E desse viés moral, a dar tônica à criminalização das drogas, resulta uma equivocada estratégia de concentrar esforços na coação[72] e repressão[73], em detrimento de ações dirigidas ao verdadeiro enfrentamento das questões relacionadas à saúde e incolumidade pública, afetadas que são pelo abuso de substâncias ilícitas.

Em razão disso, poucas são as experiências cuja linha de frente adotada pelos Estados, por meio de suas políticas públicas, caminhe no sentido oposto (ou mesmo alternativo) ao da proscrição e criminalização das drogas[74].

Entretanto, não obstante a escassez de políticas cujo foco se dê no enfrentamento do problema da saúde pública decorrente do consumo de drogas, as poucas existentes são dignas de menção, tais como intercâmbio de seringas[75], tratamentos médicos à base de metadona, buprenorfina[76] (WHO, UNODC e UNAIDS 2012) e até mesmo prescrição de heroína,

---

[71] "Intervenções contra a dependência e uso de substancias sempre foram temas de discussão muito além da arena da saúde pública. Questões éticas relativas à utilização de drogas influenciaram os objetivos e os alvos das intervenções, que deveriam ser preventivas e terapêuticas. Na verdade, o desenvolvimento histórico da política de drogas muitas vezes é representado como um debate em curso entre uma posição moral, no qual o uso da droga é retratado como 'criminal' e 'desviante' e uma posição de saúde pública, onde os usuários de drogas são vistos como pessoas que necessitam de tratamento e ajuda" (traduzido do inglês para o português).
[72] Típica do direito penal do inimigo.
[73] Consistente na *guerra contra as drogas*.
[74] A mesma preocupação tem sido demonstrada pela Comissão Global de Políticas sobre Drogas (2011, 9): "O foco prioritário na repressão e na punição faz com que, via de regra, a polícia e as Forças Armadas sejam as instituições responsáveis pelas políticas de drogas, sob o comando dos Ministérios de Justiça e de Segurança Pública. À nível multilateral, as estruturas das Nações Unidas também estão dominadas por estes interesses. Mesmo que os governos tenham reconhecido cada vez mais que as estratégias de repressão devem ser articuladas com programas sociais e de saúde pública, as instâncias responsáveis pela formulação das políticas, os orçamentos e os procedimentos de implementação não se adaptaram a esta nova realidade. Estas dinâmicas institucionais dificultam a formulação de políticas baseadas em informação científica confiável. Isto é mais que um problema teórico – reiterados estudos comprovam que o investimento em programas de saúde e desenvolvimento social geram resultados práticos e benefícios financeiros muito maiores para a comunidade do que as tentativas fracassadas de redução da oferta e criminalização do uso de drogas. Não obstante esta evidência, na maioria dos países a maior parte dos recursos continuam sendo gastos em ações repressivas voltadas para a punição das pessoas que usam drogas".
[75] Medida na qual seringas usadas são trocadas, gratuitamente, por seringas novas.
[76] Substâncias que substituem a heroína com menos riscos à saúde.

hábeis a mitigar o risco de morte por overdose e contaminação de HIV e demais infecções sanguíneas (EMCDDA 2010).

São as chamadas "políticas de redução de danos", em que o foco não é o combate às drogas, senão às suas consequências. Alguns Estados foram além e descriminalizaram as drogas ao nível do usuário. A Europa tem sido pioneira em medidas dessa natureza, consistentes na redução dos danos causados pelas substâncias psicoativas[77].

As políticas de redução de danos dão primazia à uma perspectiva de saúde pública, em que o imperativo é reduzir os males imediatos decorrentes do consumo abusivo de substâncias psicotrópicas, o que não significa afirmar terem os Estados que as adotam renunciado à coação e repressão no combate à oferta de drogas.

Essas medidas não representam, na verdade, uma mudança de postura quanto ao traficante, o que se traduz em equívoco[78], senão em relação ao usuário que passa a ser tratado como paciente, alforriando-se da pecha de criminoso[79].

---

[77] "O fundamento da atual política de drogas europeia se baseia nas convenções internacionais de controle de drogas, pelo que não se pode contrariá-las, mesmo ante a liberdade dada aos Estados para interpretar suas obrigações nesta matéria. A redução de danos, como principal objetivo na Europa, é vista pelos políticos responsáveis, portanto, como uma abordagem equilibrada, que incluem também medidas duras de redução da oferta. Não quer dizer que os esses políticos têm ignorado o argumento que os danos podem resultar do sistema de controle de drogas. O reconhecimento deste fato pode ser visto, por exemplo, em uma mudança de ênfase na distinção, que agora é comumente utilizada, entre traficantes e usuários. Isto se reflete em políticas que tentam desviar usuários problemáticos do sistema judicial penal para o tratamento, ou que introduzem sanções mais brandas para aqueles que são usuários de drogas. Essa evolução, no entanto, deve-se mais ao argumento de redução dos custos com o controle das drogas e de como os benefícios podem ser maximizados. A redução de danos é claramente parte desta agenda, mas isto geralmente se apresenta de forma implícita e não explícita. A redução de danos é mais comumente discutida no contexto da redução do risco de contaminação pelo HIV, não como política de justiça criminal. E quando se torna imperativa a definição da linha de trabalho, a abordagem geralmente tem sido relativamente restrita, circunscrita à questão do HIV" (Davoli, Simon e Griffiths 2010, 438) (traduzido do inglês para o português).

[78] As políticas de redução dos danos poderiam avançar ainda mais se considerassem também o traficante como sujeito passível de tratamentos alternativos, que não o criminal. A mitigação dos riscos seria mais relevante se a comercialização de substâncias psicotrópicas, tanto quanto o uso, fosse encarada como um problema social, passível de enfrentamento fora do âmbito do direito penal. Considerando o usuário como paciente, reduzem-se os riscos ao indivíduo em razão do consumo de drogas. Tal postura estatal, se também dirigida ao traficante, seria apta a minimizar os danos sociais decorrentes da criminalidade relacionada com as drogas.

[79] Embora que na maioria dos países que adotam o programa de redução de riscos o consumo de substâncias psicoativas continue sendo considerado conduta criminosa.

No entanto, a despeito de todas as evidências demonstrarem a eficiência da política de redução de danos, muitos governos ainda se recusam a adotar tais medidas com receio de, ao melhorar a saúde dos usuários de drogas, serem percebidos como coniventes ou lenientes para com o uso de substâncias ilícitas. Preferem insistir em um modelo "ilógico – sacrificar a saúde e o bem-estar de um grupo de cidadãos quando se dispõem de medidas eficientes de proteção da saúde é inaceitável, e aumenta os riscos enfrentados pela comunidade como um todo" (Comissão Global de Políticas sobre Drogas 2011, 5).

Embora as políticas de redução de danos não representem, atualmente, oposição à proscrição e criminalização das drogas (medida legislativa cuja necessidade ora se investiga), apresentam-se como medidas alternativas conducentes ao mesmo objetivo – mitigação dos danos à saúde e incolumidade pública decorrentes do consumo abusivo de psicotrópicos.

Verificando-se que tais medidas alternativas à criminalização são, pelo menos, tão eficientes quanto a norma penal que proscreve as substâncias psicoativas, ter-se-á pela desnecessidade desta e sua consequente desproporcionalidade.

3.2.1 O programa de redução de danos na Suíça

Tome-se, inicialmente, o exemplo da Suíça que, no final da década de 1980, passou por um período de preocupante crescimento nas taxas de consumo de drogas injetáveis. Ao mesmo tempo, também crescia o número de infectados pelo vírus HIV. Buscando mitigar o problema de incolumidade pública que se instalava, adotou-se como medida o engajamento do setor da saúde pública para lidar com a questão, em vez da criminalização do usuário.

Até o advento da *aids*, a Suíça matinha, em relação às drogas, uma política conservadora, fundada na criminalização e forte repressão policial sobre usuários e traficantes (Killias e Aebi 2000), na mais perfeita acepção da *guerra contra as drogas*. Com o avanço do HIV e inerente contaminação a partir do compartilhamento de seringas por usuários de drogas, a postura coercitiva deu lugar às ações focadas na saúde do adicto.

Embora não tenha descriminalizado o uso e a comercialização de drogas, o governo suíço criou salas de injeção segura, onde além de ter assistência social, o usuário pode fazer uso de drogas injetáveis, sem recorrer a traficantes ou se submeter ao risco de consumir entorpecente impuro. No mesmo local o poder público distribui seringas descartáveis e, desde 1992, o adicto (atendidas algumas condições) pode ser submetido ao tratamento de prescrição de heroína, reduzindo assim os riscos inerentes ao consumo.

As ações focadas na redução dos danos causados pelo consumo de drogas injetáveis, no caso da Suíça, seguiram o princípio do *low-threshold*, consistente na estratégia de que os usuários alvo destas ações não encontravam altas exigências para obter os serviços de tratamento. Não se exigiu, por exemplo, que o indivíduo deixasse de consumir determinado psicoativo para ingressar no programa, embora a abstinência fosse um objetivo a ser alcançado.

Da medida de substituição e prescrição de heroína[80], resultou considerável impacto na procura clandestina por esse opióide, uma vez que a ação focou nos adictos problemáticos (que representam de 10% a 15% do total) e, embora em menor número em relação aos demais usuários, são responsáveis pela maior parte da demanda (30% a 60%). De igual sorte, a

---

[80] A prescrição de heroína costuma a funcionar melhor que a substituição por metadona, uma vez que esta, embora menos insegura, não satisfaz a dependência psicológica, vez que não ocasiona prazer.

demanda por outras drogas também experimentou redução em decorrência do programa[81].

Com efeito, observando-se o comportamento do usuário integrado ao programa, a partir dos dados coletados pela polícia suíça, durante os seis primeiros meses de tratamento, o consumo de heroína diminui, em média, sessenta e oito por cento, em comparação com os seis meses anteriores à intervenção. Quando a comparação é estendida aos períodos de vinte e quatro meses antes e após a admissão no programa, a redução é de setenta e um por cento (Killias e Aebi 2000).

O mesmo decréscimo pode ser observado até em relação ao consumo de cocaína (droga que não faz parte da política de substituição ou prescrição). Dentre os usuários de heroína, integrantes do programa, apenas 15% declararam não ter feito uso de cocaína nos seis meses anteriores ao tratamento. Seis meses após, o número de assistidos que não fizeram uso de cocaína no período já importava em 28%; progredindo para 35% após doze meses e, finalmente, 41% após dezoito meses (Killias e Aebi 2000).

Cerca de 43% dos adictos em heroína admitidos no programa de substituição de drogas tinham, nos seis meses anteriores ao tratamento, atuado como traficante da mesma substância para sustento da própria dependência. Durante os seis primeiros meses de tratamento, esse número havia decrescido para 10%; e 6% após doze meses de ingresso no projeto (Killias e Aebi 2000).

Killias e Aebi (2000, 96) concluem seu estudo científico acerca dos resultados da política de redução de danos na Suíça asseverando que o

---

[81] Esses fatos são relatados por Martin Killias e Marcelo F. Aebi (2000, 88): "Assim, a substituição da heroína tende a atingir especialmente usuários problemáticos, ou seja, os consumidores pesados. E, assumindo que três mil viciados representem entre dez a quinze por cento dos usuários de heroína na Suíça, não parece irreal especular que eles representam entre trinta a sessenta por cento da procura pela droga no mercado ilegal. [...] A pergunta a ser realizada é como o mercado irá reagir a uma queda na demanda de tais proporções. Uma possível estratégia seria a promoção de novas drogas, ou aquelas que são atualmente menos populares na Suíça, como a cocaína. É difícil avaliar se essas estratégias serão bem sucedidas, uma vez que o deslocamento dos efeitos é sempre difícil de estudar, seja qual for a ofensa a ser evitada e quais podem ser os possíveis crimes 'alternativos'. Os dados recolhidos até agora tendem a mostrar, no entanto, um declínio do consumo de heroína não prescrita e, também, de outras drogas ilícitas" (traduzido do inglês para o português).

programa de prescrição de heroína foi responsável por afastar seus pacientes da prática de crimes relacionados ao tráfico de drogas e afetar o próprio mercado ilegal de referido opióide:

> The Swiss heroin prescription program was targeted at hardcore drug users with very well established heroin habits. These people were heavily engaged in both drug dealing and other forms of crime. They also served as a link between importers, few of whom were Swiss, and the — primarily Swiss — users. As these hard-core users found a steady, legal means for addressing their addiction, they reduced their illicit drug use. This reduced their need to deal in heroin and engage in other criminal activities. Thus, the program had three effects on the drug market:
>
> - It substantially reduced the consumption among the heaviest users, and this reduction in demand affected the viability of the market.
>
> - It reduced levels of other criminal activity associated with the market.
>
> - By removing local addicts and dealers, Swiss casual users found it difficult to make contact with sellers.[82]

Não obstante os avanços nas políticas públicas de drogas na Suíça, em 2004 o parlamento daquele país rejeitou a descriminalização da maconha e, em 2008, seus eleitores, consultados em plebiscito, embora aprovando as medidas de redução de danos, se pronunciaram contra a legalização dos canabinoides.

---

[82] "O programa suíço de prescrição de heroína teve como alvo os usuários pesados de drogas, habituais no consumo daquele psicoativo. Essas pessoas estavam fortemente envolvidas no tráfico de drogas e outras formas de criminalidade. Também serviam como uma ponte entre importadores (alguns suíços) e usuários (principalmente suíços). Como esses usuários pesados encontraram um meio legal para tratar sua dependência, reduziram seu uso de drogas ilícitas. Isso reduziu sua necessidade de negociar heroína e participar de outras atividades criminosas. Assim, o programa obteve três efeitos sobre o mercado de drogas:
- Reduziu substancialmente o consumo entre os usuários mais pesados, afetando a viabilidade do mercado.
- Reduziu os níveis de outras atividades criminosas associadas ao mercado ilícito.
- Uma vez removidos os viciados e traficantes locais, os usuários casuais suíços encontraram dificuldades de fazer contato com os vendedores" (traduzido do inglês para o português).

3.2.2   A prevenção pela diversificação na Grã-Bretanha

O Reino Unido, no ano de 1999, implementou política pública de prevenção ao uso de substâncias psicotrópicas, consistente em um programa que oferece aos usuários problemáticos de drogas, que tenham cometidos delitos, tratamento à dependência em substituição da pena, o que fez reduzir o índice de reincidência.

Com essa medida, considerando o grupo de adictos adeptos do programa, o número de processos criminais apresentou decréscimo de 48%, tomando por base os anos prévios e posteriores ao tratamento (Millar, et al. 2008).

O tratamento terapêutico tem o condão de reduzir a população carcerária, ao desviar do sistema prisional o indivíduo que, de apenado, converte-se em paciente dos serviços de saúde. Embora existam crimes cuja pena não possa ser comutada em tratamento, fazendo-se necessário o cumprimento da pena em penitenciária, parte da sanção pode ser cumprida em liberdade, condicionada ao ingresso no programa.

Pode-se dizer que medidas dessa natureza apresentam-se como alternativa viável, coincidindo com o que Claus Roxin (2001, 466-467) definiu por "diversificação" – importante consignar:

> Nas hipóteses em que a descriminalização não é possível - como no furto -, poder-se-ão evitar as desvantagens da criminalização através de alternativas à condenação formal por um juiz. Tais métodos de diversificação são utilizados em quantidade considerável na Alemanha, pois o tribunal e também o ministério público podem arquivar o processo quando se tratar de delitos de bagatela em cuja persecução não subsista interesse público; tal arquivamento pode ocorrer inclusive no âmbito da criminalidade média, se o acusado prestar serviços úteis à comunidade (como pagamentos à Cruz Vermelha ou a reparação do dano).
>
> Estes métodos de diversificação são utilizados hoje na Alemanha em quase metade de todos os casos, tendo reduzido

consideravelmente a quantidade de punições. [...] esta espécie de reação a delitos deve ser um elemento essencial do direito penal do futuro.

Assim, na Grã-Bretanha, a medida alternativa de comutar pena em tratamento de saúde, visando a mitigar os efeitos da adicção, resultou na redução do índice de crimes relacionados ao consumo de drogas, da população carcerária e dos gastos estatais com a persecução penal. Mostrou-se, portanto, eficaz à tutela da incolumidade pública.

3.2.3   A redução de riscos na Holanda

Embora a Holanda seja lembrada como paradigma à descriminalização das drogas, na vanguarda das políticas públicas acerca da matéria, a realidade é outra. A *cannabis* é a única substância psicoativa, proscrita pela comunidade internacional, cuja venda é tolerada naquele país – isso mesmo, em locais específicos (*coffee shops*) e em pequena quantidade[83]. A comercialização irregular desse psicotrópico continua a ser considerada conduta criminosa. Por isso, não se pode sequer dizer que a maconha é legalizada na Holanda[84].

Na verdade, a política antidrogas holandesa é similar àquela adotada na Suíça e, em muitos aspectos, é menos liberal que a portuguesa. Não obstante, das medidas alternativas adotadas pelos *países baixos* resultam relevantes avanços para saúde e incolumidade pública.

Na Holanda, a política de redução de danos adota como medidas o intercâmbio de seringas, prescrição de metadona e heroína como tratamento

---

[83] O *coffee shop* não pode vender mais que cinco gramas de maconha, por vez, para a mesma pessoa; não pode comercializar outras drogas; e não pode vender à turistas, nem a menores de dezoito anos.
[84] A própria posse da maconha, ainda que para consumo, se não se der nos locais destinados ao uso, implica em contravenção penal, punível com multa.

da dependência, manutenção de salas de consumo de drogas e acompanhamento médico.

A prescrição da heroína, como medida de tratamento, reduziu os pequenos delitos e perturbações da ordem pública, e teve efeitos positivos na saúde das pessoas que lutam contra a dependência (Comissão Global de Políticas sobre Drogas 2011).

Não existe um programa que atenda especificamente o usuário de cocaína – como a prescrição médica da substância, por exemplo. Assim, para esse tipo de psicoativo, a Holanda apresenta um consumo médio ligeiramente acima da média do continente europeu: pouco mais de 5% dos holandeses adultos já fizeram uso de cocaína, sendo que quase dois por cento a utilizaram recentemente. À título ilustrativo, nos Estados Unidos da América, cerca de quatorze e meio por cento da população com mais de 12 anos de idade já experimentaram cocaína.

Quanto à situação holandesa, em relação ao consumo de cocaína e seus derivados entre a população adulta (15 a 64 anos de idade), importante observar os dados comparativos, elaborados pela *Netherlands National Drug Monitor* (2011, 64):

Tabela 1 - Uso de cocaína entre a população adulta. Comparativo entre Holanda e outros países europeus.

País	Ano	Porção da população adulta que já fez uso de cocaína	Porção da população adulta que usou cocaína recentemente
Espanha	2007/2008	8,3%	3,1%
Itália	2008	7,0%	2,1%
Irlanda	2006/2007	5,3%	1,7%
Holanda	2009	5,2%	1,2%
Suécia	2008	3,3%	0,5%
Noruega	2004	2,7%	0,8%
França	2005	2,6%	0,6%
Áustria	2008	2,2%	0,9%
Portugal	2007	1,9%	0,6%
Finlândia	2006	1,1%	0,5%
Grécia	2004	0,7%	0,1%

Conforme dados apresentados pela *Netherlands National Drug Monitor* (2011, 80), no que é pertinente ao uso de opióides, objeto principal das medidas de redução de danos adotadas pela Holanda, quando considerado o número de usuários problemáticos (que desenvolvem vício, doenças, comportamento violento ou distúrbios), tem-se que, ao longo do tempo, houve significativo decréscimo:

Gráfico 2 - Usuários problemáticos de opióides em Amsterdã (1985 a 2009), por origem.

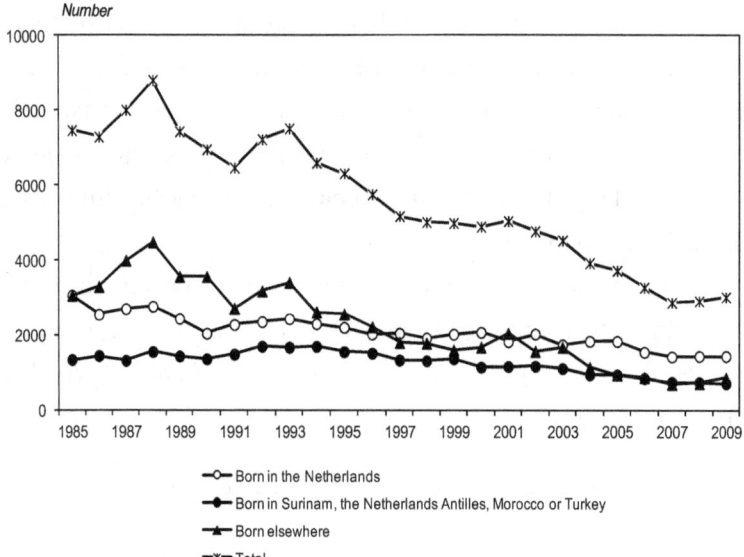

A mesma demonstração de eficiência da política holandesa de redução de danos se tem ao comparar sua situação atual, em relação ao número de usuários problemáticos de "drogas pesadas"[85], com outros países do continente europeu, ainda de acordo com a *Netherlands National Drug Monitor* (2011, 82):

---

[85] A lei holandesa considera "drogas pesadas" aquelas que apresentam "riscos inaceitáveis" à sociedade, enumerando, dentre outras, heroína, cocaína, anfetaminas, LSD e *ecstasy*.

Tabela 2 - Comparativo de usuários problemáticos de drogas pesadas entre países europeus.

País	Ano	Número estimado de usuários problemáticos (entre 15 a 64 anos) para cada mil habitantes
Reino Unido	2003-2007	10,0
Itália	2007	9,8
Luxemburgo	2007	7,7
Dinamarca	2005	7,5
Irlanda	2006	7,2
Suécia	2007	4,9
França	2008	4,8
Finlândia	2005	4,8
Áustria	2007	4,1
Noruega	2008	3
Grécia	2008	2,7
Holanda	2008	1,6
Espanha	2006	1,35

Os dados ora consignados se mostram importantes não só por revelarem a posição privilegiada da Holanda quando se trata do número relativo de usuários problemáticos das substâncias psicoativas mais perigosas, decorrente de suas medidas focadas na saúde do indivíduo. O que há de mais significativo no mencionado é o resultado, justamente, no número de usuários problemáticos.

É que o número de usuários comuns de determinada droga, que não desenvolvem dependência, doenças, comportamento violento *et coetera,* relacionados ao uso em si, não se apresenta tão importante quanto o número de consumidores problemáticos, cuja adicção tem o condão de macular diretamente a saúde e incolumidade pública.

Assim, qualquer medida que venha a reduzir o número de usuários problemáticos, mesmo que produza incremento no índice de consumidores não problemáticos, deve ser tida por eficaz no combate aos danos decorrentes das drogas.

Outro avanço, a partir do programa de intercâmbio de seringas, na qual o governo troca aquela já usada por uma nova, e a prescrição médica de metadona e heroína, reduziram significativamente a infecção por HIV decorrente do uso inadequado de drogas[86].

Em síntese, o programa de redução de danos adotado pela Holanda se mostrou eficiente em reduzir o número de usuários de opióides, os danos à saúde decorrentes do consumo de drogas, o número de mortes por overdose[87] e o número de infecções por HIV decorrentes do uso inadequado de psicotrópicos. Além disso, ao assegurar tratamento adequado aos adictos, possibilitou o enfrentamento da dependência a partir de uma postura fundada na dignidade da pessoa humana.

Dessa forma, embora não se apresente como substituto ao tratamento penal das drogas, sua política de redução de danos revela-se medida alternativa mais eficiente que a criminalização.

3.2.4   O caminho da Alemanha

Durante a década de 1980, diferente de países como Holanda e Suíça, a então Alemanha ocidental havia implementado um dos regimes mais repressivos às drogas da Europa (Stöver 2013). Reflexo disso, por ano, cerca de setenta mil pessoas eram presas por infrações penais relacionadas às substâncias psicoativas – a posse de drogas para uso próprio era apenada

---

[86] Nesse aspecto é o relatório da Netherlands Institute of Mental Health and Addiction (2011, 91): "Ao longo desse estudo, verificou-se uma queda acentuada no percentual de usuários de drogas soropositivos nos últimos 20 anos, em especial, quanto aos jovens (com menos de 30 anos de idade). A incidência de novos diagnósticos entre dependentes de drogas injetáveis caiu de 8,5% no ano de 1986 para 0% em 2000, com um ligeiro aumento em 2005, quando dois usuários de drogas injetáveis foram diagnosticados portadores de HIV. Desde então, até o ano de 2009, nenhuma nova infecção pelo HIV foi registrada. O declínio na transmissão do HIV entre usuários de drogas pode ser parcialmente explicado pela diminuição no compartilhamento de injeção, agulha e seringa, embora o comportamento sexual de alto risco ainda persista. A diminuição de novos casos de HIV entre usuários de drogas se contradiz em relação a um ligeiro aumento nos casos de HIV entre homens que têm relações sexuais com homens. Para este grupo, o risco sexual continua aumentando. A participação em dois programas de fácil acesso, o programa metadona e o programa de intercâmbio de seringas reduzem as chances de infecção pelo HIV (e hepatite C)" (traduzido do inglês para o português).
[87] A Holanda tem o menor número de óbitos por overdose da Europa.

com até quatro anos de prisão, enquanto o tráfico tinha pena de até quinze anos. Cerca de 30% das mulheres encarceradas no sistema prisional alemão haviam cometido crime relacionado às drogas (Fischer 1995).

Não obstante o rígido controle promovido por uma sociedade conhecida pela eficiência, os objetivos de eliminação da oferta e consumo de drogas não haviam sido alcançados. A demanda por drogas era progressivamente incrementada, assim como o sofrimento físico e a miséria social das pessoas que delas faziam uso. Enquanto isso, o tráfico ilícito de substâncias psicotrópicas se expandia e angariava lucros extraordinários, promovendo o medo dos moradores das cidades e o progressivo incremento da criminalidade (European Cities on Drug Policy 1990).

Mesmo com o recrudescimento do combate às drogas em cidades como Berlim, Frankfurt e Hamburgo, o número de pessoas dependentes de substâncias ilícitas aumentava sistematicamente – no final da década, eram cem mil adictos em drogas consideradas pesadas, enquanto duas mil pessoas morriam por ano em decorrência do uso abusivo. Os grandes centros apresentavam áreas inteiras tomadas por pessoas usuárias de substâncias psicotrópicas. Nesses locais, havia um perceptível incremento nos delitos contra o patrimônio, violência e prostituição (em Frankfurt, 80% das mulheres usuárias de heroína se prostituíam). No centro de Frankfurt, na região do parque de Taunusanlage, próximo à estação ferroviária principal, por exemplo, havia uma área de quase dois quilômetros quadrados onde circulavam cerca de cinco mil pessoas por dia comprando, vendendo e consumindo drogas (Fischer 1995).

Na medida em que ficaram evidentes os problemas com esses locais, onde se consumiam abertamente todo o tipo de drogas, tais como as mortes por overdose e alta incidência de infecções por HIV e hepatite, que atingiram o seu pico no final da década de 1980, tornou-se premente a necessidade de se desenvolver uma abordagem diferenciada e orientada ao acolhimento, que visasse tanto a proteção da população quanto a redução dos danos decorrentes do uso de substâncias ilícitas. Os métodos repressivos, então, foram direcionados para o tráfico ilícito de drogas, não mais contra pessoas dependentes e às comunidades em que viviam (Stöver 2013).

Logo no início da década de 1990, as políticas públicas dirigidas ao problema das drogas experimentaram uma significativa mudança na Alemanha, tendo a cidade de Frankfurt como pioneira na adoção de medidas alternativas à criminalização do usuário. O que se convencionou chamar de "Caminho de Frankfurt", modelo seguido por diversas outras cidades alemãs, priorizou ações voltadas à humanização das pessoas que desenvolveram uso problemático de drogas, e até mesmo do usuário comum, com foco na redução dos danos, podendo-se destacar a criação de salas supervisionadas para o consumo de drogas, albergues para acolhimento, tratamento médico, assistência social e programas habitacionais dirigidos a esse grupo.

Para reduzir o risco de contaminação por HIV, o governo alemão passou a fornecer seringas descartáveis para as pessoas que faziam uso de drogas injetáveis. Esse programa de trocas de seringas, associado às medidas de substituição de heroína por metadona, implementadas posteriormente, resultou em decréscimo da presença de soropositivos no número de mortes relacionadas ao uso de substâncias psicoativas em Frankfurt – de 65% em 1985 para 12% em 1992. Em Hamburgo, por sua vez, onde cerca de 10 mil seringas eram distribuídas por dia, houve significativa mitigação das contaminações pelos vírus da *aids* e hepatite (Fischer 1995).

Como resultado da política de redução de danos implementada na Alemanha, o número de novos usuários de drogas consideradas pesadas em Hamburgo, como heroína e cocaína, reduziu 42% em apenas três anos. Entre 1992 e 1994, naquela cidade, os crimes em geral praticados por pessoas usuárias de psicoativos foi mitigado em 34%. Também significante é o que se observou, no mesmo período, quanto ao decréscimo de alguns crimes específicos, tais como roubos (24%), furtos (45%) e furtos de veículos automotores (62%). Em Frankfurt, já em 1993, o número de óbitos por overdose de pessoas que faziam uso de heroína foi reduzido em 60%, tomando-se por referência os índices anteriores à implementação das medidas alternativas à criminalização (Fischer 1995). Ainda que não se tenha descriminalizado o uso de substâncias psicoativas, a implementação de políticas voltadas à contenção dos danos inerentes ao uso de drogas ilícitas, portanto, mostrou-se eficiente no enfrentamento dos problemas de saúde e segurança pública, cuja tutela pelos meios tradicionais, típicos da guerra às drogas, não se fazia eficaz.

3.2.5 A descriminalização do uso em Portugal e suas medidas de redução de danos

Em Portugal o consumo de drogas continua proscrito[88], mas desde 1º de julho de 2001, em razão do advento da Lei 030/2000, a aquisição, posse e consumo de qualquer substância psicoativa deixou de ser tratada através da *ultima ratio* da norma penal.

Por força de referida lei (Portugal 2000), o uso, a aquisição e a detenção para consumo próprio[89] de substâncias psicotrópicas ilícitas constituem contraordenação, infração de natureza administrativa sujeita à multa. O julgamento é realizado por um colegiado, formado por assistentes sociais, psicólogos e juristas, intitulado Comissão para a Dissuasão da Toxicodependência, vinculado ao Ministério da Saúde português.

---

[88] A legalização não é possível em virtude dos tratados internacionais aos quais Portugal, como tanto outros países, se obriga a combater as drogas. Essa ponderação pode ser encontrada em Domosławski (2011).

[89] Assim considerada a quantidade que não exceda o necessário para o consumo médio individual durante o período de dez dias, segundo a lei, para a *cannabis*, vinte e cinco gramas; haxixe, cinco gramas; cocaína, dois gramas; heroína, um grama; LSD ou *ecstasy*, dez comprimidos.

De qualquer forma, a própria multa não poderá ser aplicada se o infrator solicitar a assistência de serviços de saúde, públicos ou privados, garantindo-se o sigilo sobre o tratamento.

Segundo Fernando Henrique Cardoso (2011), no momento em que descriminalizou as substâncias psicotrópicas, Portugal quebrou um paradigma. Ao invés de insistir em medidas repressivas ineficazes, quando não claramente contraproducentes, optou por políticas mais cidadãs e eficientes, fundadas na dignidade da pessoa humana.

A lógica da despenalização adotada por Portugal coincide com aquela preconizada por Claus Roxin (2001), segundo o qual esta é possível em dois sentidos: 1) eliminando-se dispositivos penais que não sejam necessários à manutenção da paz social, como comportamentos que atingem somente a moral, a religião, o politicamente correto e o próprio agressor, sem causar danos à sociedade; e 2) quando, ainda que haja possibilidade de lesão à sociedade, não se possa atingir o mesmo grau de tutela por meio de medidas outras que não a norma penal. O exemplo oferecido pelo autor, acerca da segunda circunstância, também coincide com o móvel do desígnio português:

> Um tal caminho foi encetado pelo direito alemão, por exemplo, ao se criarem infrações de contra-ordenação. Assim, distúrbios sociais com intensidade de bagatela - pequenas infrações de trânsito, barulho não permitido ou incômodos à comunidade - não são mais sujeitos à pena, e, sim, como infrações de contra-ordenação, somente a uma coima (*Geldbusse*). O direito penal do futuro tem aqui um extenso campo - especialmente as numerosas leis extravagantes - para a descriminalização. (Roxin 2001, 466)

Além disso, a partir da descriminalização quanto ao uso de droga, o poder público pôde implementar, de forma mais incisiva, programas de intercâmbio de seringas e agulhas, prescrição de metadona em substituição à heroína, tratamento psiquiátrico, psicológico e assistência social.

Se na Suíça a adesão aos programas de redução de danos se dá em razão do princípio do *low-threshold*, em Portugal ocorreu de forma mais eficiente ainda por meio da descriminalização. Uma vez que o consumo de droga não é crime, os usuários não se sentem intimidados ou constrangidos em procurar ajuda estatal, mesmo quando desejam apenas a prescrição da metadona e não têm planos para se curar da dependência.

Assim, a adesão no programa de redução de danos em Portugal tem sido mais representativa que na Holanda ou Suíça, de forma que, em 2010, "cerca de quarenta mil toxicodependentes submeteram-se a tratamento" (Domosławski 2011, 32) naquele país.

Como resultado, embora se tenha constatado ligeiro incremento no índice de adultos a fazer uso de substâncias ilícitas em Portugal, as medidas alternativas tiveram o condão de reduzir: o número de delitos relacionados às drogas entre usuários problemáticos e adolescentes; o volume de recursos gastos na estrutura policial, nos estabelecimentos prisionais e nos processos judiciais; o número de óbitos relacionados com o uso de opióides e doenças infecciosas; e a demanda por heroína (Hughes e Stevens 2010).

Pode-se citar, ainda, como resultado positivo da política de redução de danos implementada por Portugal, o decréscimo do número de pessoas infectadas por HIV em decorrência do uso inadequado de drogas injetáveis. No ano 2000, ocorreram 2.758 novos diagnósticos de pessoas infetadas com o vírus HIV, das quais 1.430 eram consumidores de drogas, 52% do total. Já em 2008, o número de novos diagnósticos foi de 1.774, dos quais 352 eram consumidores de drogas, o equivalente a 22% (Domosławski 2011). Essa tendência de queda mantém-se até os dias atuais.

Outro aspecto digno de menção diz respeito ao comportamento da demanda por drogas após a descriminalização do consumo. Esperava-se um acréscimo significativo no número de usuários, o que não ocorreu. O incremento foi incipiente para a maioria das drogas (Malinowska-Sempruch 2011) e basicamente circunscrito aos adultos (Hughes e Stevens 2010).

Na verdade, a pequena variação no consumo de psicoativos em Portugal, após a descriminalização do uso, não se mostra diferente da realidade de outros países europeus que ainda consideram delito tal conduta, demonstrando que a inovação legal promovida naquele país, além de representar avanço nas áreas penitenciária e judicial, não foi responsável por qualquer incremento nos índices relacionados ao consumo de drogas ilícitas.

É o que se pode inferir da tabela seguinte, conforme estudo elaborado por Hughes e Stevens (2010, 1007) numa análise comparativa entre a situação de Portugal, Espanha e Itália, quanto ao consumo ilícito de substâncias psicotrópicas por indivíduos com idade entre 15 e 64, nos anos de 2001 e 2007.

Tabela 3 - Percentual da população adulta de Portugal, Espanha e Itália que fizeram uso de droga nos doze meses anteriores à pesquisa, em 2001 e 2007.

Droga	País								
	Portugal			Espanha			Itália		
	2001	2007	Diferença	2001	2007	Diferença	2001	2007	Diferença
Haxixe	3,3%	3,6%	0,3%	9,7%	10,1%	0,4%	6,2%	14,6%	8,4%
Cocaína	0,3%	0,6%	0,3%	2,2%	3,1%	0,5%	1,1%	2,2%	1,1%
Ecstasy	0,4%	0,4%	0%	1,9%	1,2%	-0,7%	0,2%	0,6%	0,4%
Anfetaminas	0,1%	0,2%	0,1%	1,2%	0,9%	-0,3%	0,1%	0,4%	0,3%

O quadro também não é diferente quando se tem como parâmetro os demais Estados da União Europeia e seus índices de consumo de drogas. Da descriminalização quanto à posse de substâncias ilícitas psicoativas para uso pessoal em Portugal não decorreu qualquer impacto negativo nos índices de consumo ilegal (Hughes e Stevens 2010).

Portanto, deve-se reconhecer que em Portugal, assim como na Holanda, Alemanha, Grã-Bretanha e Suíça, as medidas alternativas à criminalização se mostraram mais eficientes à tutelar a saúde e incolumidade pública que a norma penal, tanto por alcançarem um melhor resultado, como por ser menos custosa ao Estado e aos direitos fundamentais.

3.2.6 A experiência do Uruguai

De forma bem-humorada e com evidente duplo sentido, José Alberto Mujica Cordano, o *Pepe Mujica*, então Presidente da República Oriental do Uruguai, afirmou que "viver é experimentar" (BBC 2014) e legalizou a maconha em dezembro de 2013.

Embora seja recente a *experiência* do Uruguai, o que praticamente inviabiliza aferir seu impacto na saúde e segurança pública, além de estar circunscrita à *cannabis,* o modelo adotado merece atenção do mundo, mostrando-se alternativa viável às políticas criminais empregadas na proscrição das drogas.

Declarando de interesse público as ações tendentes a proteger, promover e melhorar a saúde pública da população através de uma política orientada a minimizar os riscos e reduzir os danos do consumo de *cannabis*; que promovam a adequada informação, educação e prevenção sobre as consequências e efeitos prejudiciais associados com o consumo, assim como o tratamento, reabilitação e reinserção social dos usuários problemáticos de drogas (Uruguay 2013), o Estado passou a exercer o controle (antes entregue ao narcotráfico) e a regulação das atividades de importação, exportação, plantio, cultivo, colheita, produção, aquisição a qualquer título, armazenamento, comercialização e distribuição de *cannabis* e seus derivados, de forma direta ou por intermédio de instituições devidamente autorizadas.

O objetivo declarado é proteger os habitantes daquele país contra os riscos que implica o vínculo do usuário com o comércio ilegal, buscando, mediante a intervenção do Estado, atacar as devastadoras consequências sanitárias, sociais e econômicas do uso problemático de substâncias psicoativas, assim como reduzir a incidência do narcotráfico e do crime organizado.

Para tanto, criou-se o *Instituto de Regulación y Control del Cannabis (IRCCA)*, cuja função é regular as atividades de plantio, cultivo, colheita, produção, elaboração, armazenamento, distribuição e venda de *cannabis*, além de promover e propor ações tendentes a reduzir os riscos e danos associados com o uso problemático da droga.

Dessa forma, passou a ser autorizado o plantio, o cultivo e a colheita domésticos de maconha, desde que para o consumo pessoal (vedado aos menores de 18 anos) ou compartilhado no domicílio, assim entendido como até 6 plantas de *cannabis*, não excedendo o produto da colheita a 480g anuais.

Com a devida autorização do Poder Executivo e sob o controle do *Instituto de Regulación y Control del Cannabis (IRCCA)*, também se permite a atividade de plantio, cultivo e colheita para clubes de usurários (entre 15 a 45 membros), cuja lavoura não pode exceder a 99 plantas, limitando-se a obter como produto da colheita um máximo de armazenamento anual proporcional ao número de sócios e conforme a quantidade que se estabeleça em contrato ulterior para o uso não medicinal da maconha.

Medida importante prevista na lei (Uruguay 2013), diz respeito à outorga de licença às farmácias para venda de maconha para fins não medicinais, o que atenderia ao público usuário não afeto ao plantio, cultivo e colheita, nem associado aos clubes credenciados.

Em qualquer caso, restou proibida, por quaisquer meios, toda forma de publicidade, promoção, auspício ou patrocínio da maconha recreativa.

Os efeitos imediatos da legalização, claramente sentidos no Uruguai, correspondem ao fim do narcotráfico da maconha, humanização e desestigmatização do usuário, menos riscos e danos relacionados ao uso dessa específica droga.

No entanto, o impacto na saúde e segurança pública, de modo geral, sempre sensíveis no longo prazo, ainda não pôde ser mensurado com acuidade científica, sobretudo por ser recente a medida de legalização.

O que já se pode afirmar, com segurança, é que a liberação da maconha naquele país não se fez acompanhar em acréscimo substantivo no consumo dessa droga. Estudo atual, promovido pela *Junta Nacional de Drogas* (Uruguay 2015), órgão vinculado à Presidência do Uruguai, revela que 9,3% da população adulta usou maconha nos últimos 12 meses (dados de 2014), em comparação a 8,3% em 2011, o menor aumento identificado em 14 anos. Ou seja, o mais sério argumento contra a legalização, o do incremento do uso, não se confirmou no caso uruguaio.

Assim, importante que a Comunidade Internacional e os Estados soberanos acompanhem de perto a corajosa experiência do Uruguai, dela apreendendo os novos aspectos para o enfrentamento da questão.

3.2.7 Medidas alternativas e sua eficiência em relação à norma que criminaliza as drogas

Como se observou, a lei que proíbe e criminaliza o consumo e a comercialização de substâncias psicoativas, base legal da *guerra contra as drogas*, somente será *necessária*: 1) demonstrando-se que a saúde e incolumidade pública, bens juridicamente tutelados, figuram dentre aqueles considerados constitucionalmente, essenciais ao pleno desenvolvimento da sociedade; e 2) demonstrando-se que não seria possível a tutela de tais bens a partir de outro mecanismo (tão eficiente quanto), administrativo ou legal, que não seja a incriminação (mais onerosa ao indivíduo).

Considerando que saúde e incolumidade pública são bens protegidos pela ordem constitucional, cumpre indagar: é possível tutelar tais bens, de forma tão eficiente quanto a norma penal, por meios alternativos?

Importa grifar que as medidas adotadas pelos governos da Suíça, Holanda, Alemanha e Grã-Bretanha não se opõem à criminalização das substâncias psicoativas, tanto em relação ao tráfico, quanto ao uso. No que é pertinente às políticas públicas desenvolvidas em Portugal, mesmo com a descriminalização ao nível do usuário, os psicoativos continuam proscritos e o narcotráfico permanece sendo atividade delitiva. A descriminalização da maconha no Uruguai, por seu turno, é experiência específica, limitada a um único tipo de droga, além de ser muito recente.

Entretanto, os resultados apresentados naqueles países demonstram que avançar mais é possível. As políticas alternativas de redução de danos deveriam se apresentar não como ação paralela à criminalização, mas como verdadeira oposição e substituição ao tratamento penal dado às drogas.

Isso porque as medidas alternativas lá experimentadas, no sentido da mitigação dos problemas de saúde e incolumidade pública decorrentes do uso inadequado de drogas, embora ainda tímidas e limitadas pela cogente[90] proscrição das substâncias psicotrópicas, apresentam grau de eficiência maior que a norma penal utilizada para o mesmo fim.

Pode-se concluir que a criminalização das substâncias psicoativas é menos eficiente à tutela dos bens constitucionais (saúde e incolumidade pública) que as políticas de redução de danos. Custam mais ao Estado, em termos econômicos, e ao cidadão, em razão da própria tutela penal, e não obtém os mesmos resultados. A experiência tem demonstrado isso.

Do ponto de vista financeiro, os muitos recursos econômicos dispendidos em razão da *guerra contra as drogas*, cujo fundamento legal é a criminalização, poderiam ser direcionados a programas de prevenção e

---

[90] Em razão dos tratados internacionais.

tratamento. Lidar com a questão das drogas no âmbito da educação, tem se mostrado mais produtivo que uma abordagem retributiva, de natureza penal. Prover medidas de redução dos riscos, em contraposição à incriminação, equivale a garantir dignidade à pessoa humana[91].

Na mesma linha de raciocínio, com ênfase na dignidade da pessoa humana, pode-se afirmar que as políticas de drogas devem se basear no respeito aos direitos humanos e na preservação da saúde pública. Faz-se necessário promover o fim da estigmatização e marginalização das pessoas que usam drogas e daqueles que estão envolvidos nos níveis mais baixos de seu cultivo, produção e distribuição. É imperativo tratar os dependentes (por razões de vício ou econômicas) de psicotrópicos como pacientes e não como criminosos (Comissão Global de Políticas sobre Drogas 2011). Ainda na mesma série de pensamento, com o viés da racionalidade:

> De este modo, la droga es fundamentalmente una forma de huida. Intentar alejar la droga del individuo mediante una ley represiva, es una solución indirecta: se ha de reformar la estructura social y la arquitectura vital y educación del individuo, haciendo desaparecer las motivaciones que conducen al consumo 'abusivo' de droga; motivaciones eminentemente personales que al coincidir en gran número de individuos permite contemplar la drogadicción como un fenómeno social. El hombre bebe como consecuencia de su natural tendencia al estado artificial progresivo de felicidad, seguridad, euforia y bienestar. La sustancia está al servicio del

---

[91] Nesse sentido, com ênfase na eficiência econômica, defende Thomas C. Rowe (2006, 228): "Deveríamos realocar as verbas atualmente utilizadas na 'guerra contra as drogas', focada nas interdições, para programas de tratamento e prevenção. A interdição envolve a eliminação do fluxo de drogas ilícitas, dos campos de cultivo ou dos laboratórios em que elas são fabricadas para o usuário/comprador na rua. Não temos feito um bom trabalho nesse sentido e, em minha opinião, não temos nenhuma razão para pensar que vamos fazer. Prevenção, em grande parte, dependente da educação - usada para convencer as pessoas a não experimentar drogas perigosas. Cada viciado em potencial que optar por não usar droga reduzirá a sobrecarga na sociedade. Este é certamente o modo mais eficiente do uso dos fundos públicos. Essa abordagem também minimiza o dano decorrente das drogas. Fornecer o tratamento adequado àqueles que já estão usando drogas também seria muito mais produtivo, em termos de redução do impacto do abuso de drogas ilícitas, do que tentativas maciças de interdição. Afinal, quando menos pessoas usam uma determinada substância, o tráfico dessa substância tende a diminuir naturalmente, sem qualquer esforço especial por parte do público em geral ou da aplicação da lei. Em outras palavras, atacando a demanda torna-se susceptível de resolução o problema da interdição. Enquanto continuarmos a gastar fortemente na interdição continuaremos apenas a desperdiçar dinheiro" (traduzido do inglês para o português).

hombre, es medio de alivio y comunicación social, materia creadora de sueños que permite un alejamiento necesario de las formas de pensar y vivir cotidianas. (Escudero Moratalla e Frígola Vallina 1996)

Pode-se afirmar também, em juízo prognóstico[92], que os programas de redução de danos seriam bem mais eficazes em um ambiente de legalização das drogas. A proscrição dos psicoativos impede sua prescrição para fins não terapêuticos, ainda que promovida pelo Estado[93].

É que, por traficantes ou pelo Poder Público, a demanda por drogas será sempre suprida. Se pelo último, mitiga-se os riscos inerentes ao consumo e tem-se a oportunidade de tratar o adicto. A regulação, já presente em relação ao álcool e o tabaco, mesmo se aplicada de forma mais rígida, apresenta-se como meio alternativo, menos gravoso que a norma penal. O controle da produção e distribuição também se apresenta como alternativa à proscrição das drogas.

A regulação (meio alternativo) se mostra mais *adequada* que a clandestinidade do consumo e da distribuição das drogas, própria da proscrição (O. H. Andrade 2016). É nesse sentido, embora reconhecendo que a legalização das substâncias psicotrópicas possa incrementar o número de usuários e adictos, que Thomas C. Rowe (2006, 2637) suscita pesquisa realizada pela *University of Maryland*, também citada por Mike Gray (1998, 291), na qual os estudantes de ensino médio relataram que a maconha é mais fácil de ser adquirida que bebidas alcoólicas:

---

[92] Se a *necessidade* pode ser inferida em prognose para limitar os direitos fundamentais, o mesmo é permitido para afastar a incidência de norma incriminadora ante a perspectiva de medida menos gravosa aos direitos do cidadão.

[93] A esse respeito: "muitos países ainda reagem perante às pessoas dependentes de drogas com prisão e estigmatização. Na realidade, a dependência de drogas é uma complexa condição de saúde que tem uma combinação de causas - sociais, psicológicas e físicas (incluindo, por exemplo, difíceis condições de vida, uma história de trauma pessoal ou problemas emocionais). Tentar lidar com esta situação complexa mediante sobretudo penas severas é ineficiente - pode-se conseguir um sucesso muito maior por meio do acesso a uma gama de serviços de tratamentos de eficiência comprovada. Os países que trataram os cidadãos dependentes de drogas como pacientes que necessitam de tratamento, ao invés de criminosos a serem encarcerados, obtiveram resultados extremamente positivos em termos de redução do crime, melhorias da saúde e superação da dependência" (Comissão Global de Políticas sobre Drogas 2011, 6).

One of the classic arguments against legalization is that if a drug were legal, then more and more people would use it. It is very difficult to refute this argument when we consider the widespread use of alcohol and tobacco. However, when we look deeper into that criticism, what seems to worry people most is that youths, or teenagers, will be using dangerous drugs at higher and higher rates, creating a nation of addicts. A partial answer to that particular argument is found in a survey done by the University of Maryland […]. High school students reported the most difficult drug to obtain was not marijuana but alcohol (not that alcohol is all that difficult to obtain). Why would marijuana be easier to get than a drug that virtually permeates our society? The answer is obvious: alcohol distribution is controlled through government-regulated businesses, but those who control the distribution of marijuana are not so constrained.[94]

No entanto, descriminalizar as substâncias psicotrópicas, tanto em relação ao uso, quanto em razão da produção e da comercialização, ou mesmo considerar inconstitucional a proscrição penal das drogas, demanda ponderar acerca da proporcionalidade da medida alternativa proposta. Equivale a indagar: a legalização (ou descriminalização) das drogas seria apta a reduzir a demanda, o consumo e os riscos a ela relacionados?

Por óbvio, tanto a legalização ou descriminalização das drogas, quanto a conclusão de inconstitucionalidade da norma penal que as proscreve, devem ter em conta as consequências da liberação. Nesse caso, o juízo de proporcionalidade seria exercido em sede de prognose, a estabelecer medidas idôneas e necessárias à mitigação dos problemas

---

[94] "Um dos argumentos clássicos contra a legalização é que na medida em que droga se torna legal, mais e mais pessoas passam a usá-la. É muito difícil refutar este argumento quando consideramos o uso generalizado de álcool e tabaco. No entanto, quando analisamos mais profundamente essa crítica, o que parece preocupar mais as pessoas é o fato de que jovens ou adolescentes estariam usando drogas perigosas a preços cada vez mais altos, de forma a criar uma nação de viciados. Uma resposta parcial para este argumento em particular encontra-se em uma pesquisa feita pela Universidade de Maryland […]. Estudantes secundaristas relataram que a droga mais difícil de obter não é a maconha, mas, o álcool (não que álcool seja tão difícil de obter). Por que maconha seria mais fácil de conseguir do que uma droga que praticamente permeia nossa sociedade? A resposta é óbvia: a distribuição de álcool é controlada por meio de empresas sujeitas à regulação pública, o que não ocorre com aqueles que controlam a distribuição da maconha" (traduzido do inglês para o português).

relacionados às drogas, sobretudo no que toca à saúde e incolumidade pública.

Não atenderia ao interesse público, consubstanciado principalmente nos aspectos sanitários e de segurança, simplesmente legalizar ou descriminalizar todas as substâncias psicoativas, quanto ao consumo, produção e comercialização, sem a implementação de medidas alternativas eficazes à mitigar substancialmente os riscos que lhe são inerentes. Ou seja, a regulamentação haveria de ser concomitante à liberação.

Nesse aspecto, é razoável afirmar que a Comunidade Internacional e os Estados soberanos têm larga e exitosa experiência em controlar e regulamentar drogas perigosas, sem a necessidade de proscrevê-las ou criminalizá-las. Álcool e tabaco são os exemplos mais enfáticos.

A liberação das drogas, atualmente tidas por ilícitas, poderia ser acompanhada de uma série de restrições que, não obstante limitar a liberdade do uso, produção e comercialização, atenderia ao *princípio da proporcionalidade*, tal qual já ocorre com as bebidas alcoólicas e com o fumo.

Quanto ao usuário, o consumo de psicoativos, atualmente ilegais, ficaria restrito aos ambientes privados, adstrito ao recôndito da intimidade, não sendo permitido em locais públicos ou de livre acesso. O descumprimento dessa imposição implicaria em infração de natureza administrativa. Com menor rigor e extensão, tal limitação já se impõe ao cigarro.

Não seria permitido desenvolver algumas atividades sob o efeito de substâncias psicotrópicas, como dirigir, trabalhar *et coetera*, cuja infração estaria sujeita às mesmas cominações legais inerentes às bebidas alcoólicas.

No que é pertinente à produção e comercialização, as restrições que se impõem à indústria farmacêutica, de bebidas alcoólicas e do fumo são experiências aptas a conduzir a elaboração de um marco regulatório para os psicoativos.

O controle da composição e pureza das drogas atualmente tidas por ilícitas poderia ter por parâmetro àquela já exercida sobre a indústria farmacêutica. Assim como acontece com o álcool e o tabaco, a venda seria proibida para crianças e adolescentes. E, tal qual o cigarro e alguns medicamentos, a propaganda não seria permitida.

A produção e comercialização não regulamentar seria proibida, como já ocorre com as bebidas alcoólicas, fumo e medicamentos. No entanto, tal qual álcool e cigarro, não seria um problema sério, face ao desestímulo à atividade clandestina provocado pela queda nos preços, decorrente da livre concorrência e da legalização em si, o que afastaria o crime organizado dessa atividade.

A sistemática de tributação poderia ter por base àquela cominada à indústria tabagista, responsável por recolher U$133 bilhões em impostos, anualmente, no mundo. Destes, menos de U$1 bilhão são atualmente empregados em medidas antitabagistas (WHO 2011). Os recursos provenientes da arrecadação seriam integralmente direcionados aos programas de redução dos danos.

Enfim, comparando-se a norma criminal que, visando tutelar a saúde e a incolumidade pública, proscreve o uso e a comercialização das drogas, com os meios alternativos à disposição do Estado, já experimentados ou idealizados, pode-se afirmar, com segurança, a desnecessidade da tutela penal. Conclui-se, então, pela desproporcionalidade da norma e sua consequente inconstitucionalidade.

3.3 DESPROPORCIONALIDADE EM SENTIDO ESTRITO DA CRIMINALIZAÇÃO DAS DROGAS

Segundo Virgílio Afonso da Silva (2002, 40), o elemento *proporcionalidade, stricto sensu*, a dar conteúdo ao princípio homônimo, "consiste em um sopesamento entre a intensidade da restrição ao direito fundamental atingido e a importância da realização do direito fundamental que com ele colide e que fundamenta a adoção da medida restritiva".

Trazendo ao campo da norma penal, a verificação da *proporcionalidade estrita* tem pertinência na investigação da correlação entre o delito e sua respectiva pena.

A *proporcionalidade em sentido estrito* impõe que se faça um juízo de ponderação sobre a relação existente entre o bem (de índole constitucional) lesado ou posto em risco (gravidade do fato) e o bem (liberdade) de que pode alguém ser privado (gravidade da pena). Sempre que, nessa relação, houver desequilíbrio, haverá desproporção (Franco 2007). Em termos mais precisos, a noção de proporcionalidade deve ser aferida em um juízo de ponderação entre a carga coativa da pena e o fim perseguido pela cominação penal (Hassemer 1984).

Disso decorrem duas consequências: 1) o Poder Legislativo deve estabelecer penas proporcionais, em abstrato, à gravidade do delito, sob pena de ser considerada inconstitucional a norma penal; 2) o Judiciário deve impor ao autor do delito pena proporcional à sua concreta gravidade (Franco 2007).

Conforme já mencionado, essa ponderação de valores deve ser realizada não somente entre o bem juridicamente tutelado pela norma penal e o quantitativo da pena, em abstrato, prevista na mesma norma.

É preciso, também, a verificação da proporcionalidade*, stricto sensu,* numa interpretação sistêmica do direito penal, onde os tipos incriminadores, os bens por eles tutelados e suas respectivas penas sejam mutuamente considerados, a fim de evitar não só a desproporcionalidade entre o delito e a sanção, mas entre os delitos e as sanções contextualizados em um mesmo sistema[95].

Deve-se verificar, ainda, se a conduta típica, em abstrato, tida como lesiva à sociedade, é análoga a outra, igualmente lesiva, mas não considerada como crime. Não atenderia ao princípio da isonomia, não sendo estritamente proporcional, que a lei tratasse de forma tão assimétrica situações que se apresentem como análogas.

Sendo assim, além da ideal proporção entre a gravidade da ofensa e a pena cominada em abstrato, há de se considerar a sanção criminal como integrante de um sistema complexo, a ser sopesada em relação aos demais delitos, bens violados e cominações, valorados no ordenamento jurídico. Só assim poder-se-á aferir a *proporcionalidade em sentido estrito*.

A partir desse ponto, pode-se afirmar que a razoabilidade da norma que criminaliza as substâncias psicoativas consideradas ilícitas está condicionada a: 1) demonstração da justa proporção entre a gravidade do dano causado à sociedade (saúde e incolumidade pública) e a pena imposta em abstrato; 2) comprovação da proporção a partir da análise dos demais tipos penais e bens jurídicos por si tutelados, inseridos que estão em um mesmo sistema; e 3) ponderação acerca da isonomia, cotejando o tratamento penal dado às demais substâncias psicotrópicas a partir do potencial lesivo intrínseco a cada uma delas.

Investigar o atendimento às duas primeiras condições demanda analisar, ainda que em abstrato, a específica norma que incrimina condutas relacionadas às drogas ilícitas (posse para consumo e comercialização, por exemplo) no específico contexto social e no específico sistema jurídico a qual está inserida.

---

[95] Beccaria (2001, 665) tratou o tema da seguinte forma: "se dois crimes que atingem desigualmente a sociedade recebem o mesmo castigo, o homem inclinado ao crime, não tendo que temer uma pena maior para o crime mais monstruoso, decidir-se-á mais facilmente pelo delito que lhe seja mais vantajoso; e a distribuição desigual das penas produzirá a contradição, tão notória quando frequente, de que as leis terão de punir os crimes que tiveram feito nascer".

É nesse sentido que, por exemplo, verificar a proporcionalidade, *stricto sensu,* da lei penal argentina que tipifica o comportamento de vender substâncias psicoativas, implica, antes de tudo, em: 1) apurar se o dano causado pela conduta típica, naquela peculiar sociedade, é compatível com a pena prevista, em abstrato, na também particular norma; e 2) analisar o direito penal da Argentina para aferir a proporção da cominação imposta ao tráfico de drogas em cotejo com os demais tipos penais previstos naquele país, suas penas e bens jurídicos tutelados, numa ponderação sistêmica.

Por óbvio, essa investigação não tem pertinência na presente obra, de objeto bem menos específico. Portanto, quanto às duas primeiras condições, ficam apenas os parâmetros para futuras investigações, de cunho mais restrito.

No que toca à terceira condição, a ponderação da *proporcionalidade em sentido* estrito a partir do princípio da isonomia, a verificar se o tratamento penal dado às drogas, guarda identidade com os riscos inerentes às diversas substâncias psicotrópicas (legais ou proscritas), em razão de seu caráter geral, pertence à investigação científica ora desenvolvida.

Uma vez que a *guerra contra as drogas* se apresenta uniforme na comunidade internacional, as substâncias psicoativas consideradas proscritas nos mais diversos Estados são praticamente as mesmas, com poucas variações. Assim, o rol de psicoativos ilícitos em Portugal é praticamente o mesmo daquele vigente nos Estados Unidos da América, Japão, Índia, Austrália e Sudão.

Da mesma forma, os riscos inerentes a cada uma das substâncias psicotrópicas, lícitas ou ilícitas, são praticamente iguais nas mais diversas sociedades e culturas – o *crack* é igualmente nocivo à incolumidade pública na China e na Suécia quanto no Brasil.

Por isso, uma análise geral quanto à *proporcionalidade em sentido estrito* da norma penal que fundamenta a *guerra contra as drogas* é possível com base nesse critério, o da ponderação da isonomia acerca da criminalização em razão dos danos intrínsecos às substâncias psicoativas.

Decorre da razoabilidade, no viés da *proporcionalidade em sentido estrito*, o estabelecimento de penas proporcionais aos danos provocados na sociedade. No que é pertinente à criminalização das drogas, equivale a dizer que as penas devem guardar certa relação com os riscos próprios das substâncias pisicoativas – consideradas *de per si*.

Ou seja, em tese, os danos à coletividade decorrentes das drogas justificariam[96] seu tratamento criminal, ao passo que a extensão dos danos daria medida às penas. E cada psicotrópico tem um potencial lesivo próprio, a demandar ponderação particularizada quanto a consequente pena, numa análise comparativa com as demais substâncias psicoativas e seus respectivos riscos. Em sentido semelhante, defende Thomas C. Rowe (2006, 2403):

> The first step in deciding whether some substance should be legalized is to understand the actual effects of that substance. It is not going to be enough to understand how a given drug alters our mental state; we must also assess damage, both potential and actual, to the individual user and to the social structure. When looking at the user, we also have to remember that damage does not have to be restricted to physical damage—psychological, emotional, and even spiritual damage needs to be considered as well. Likewise, damage to society can cover a lot of ground, such as the impact of drugged drivers, disruption of the family, lost work days, health care costs, crime, etc.[97]

---

[96] Abstraindo as ponderações antecedentes, relativas à *adequação* e *necessidade*.

[97] "O primeiro passo para decidirmos se alguma substância deve ser legalizada é compreender os reais efeitos dessa substância. Não é suficiente apenas entendermos como uma determinada droga altera o nosso estado mental; nós também devemos avaliar os danos, potenciais e reais, para o usuário individual e a para estrutura social. Ao lançar o olhar para o usuário, também temos de lembrar que o dano não esta restrito apenas a danos físicos - danos psicológicos, emocionais e até mesmo espirituais devem ser considerados também. Da mesma forma, os danos à sociedade podem ser mais extensos, tais como o impacto de motoristas drogados, rompimento familiar, dias de trabalho perdidos, os custos com a saúde, a criminalidade, etc" (traduzido do inglês para o português).

Assim, não atenderia ao critério da *proporcionalidade em sentido estrito* o estabelecimento, em abstrato, de penas semelhantes, aplicáveis ao crime de tráfico de drogas, mesmo quando as substâncias comercializadas ofereçam diferentes níveis de risco à sociedade. Não seria proporcional, dessa forma, a lei que determina a mesma cominação para quem comercializa maconha e aquele que vende heroína[98].

Maior grau de infringência à *proporcionalidade* se verifica na circunstância da norma penal proscrever determinada substância psicoativa, enquanto outro psicotrópico, embora mais nocivo ao ser humano e à sociedade, seja considerado legal, submetido apenas à regulação administrativa.

Partindo do fato que existem várias drogas consideradas legais e outro tanto proscritas, submetidas ao tratamento criminal, cumpre verificar o potencial lesivo de cada uma delas para, após, analisar a proporcionalidade em sentido estrito da norma penal a qual parte delas estão submetidas.

Vários estudos já foram realizados no sentido de mensurar os mais diversos de danos que as drogas podem causar ao indivíduo e para a sociedade. Alguns, focando em um único aspecto, outros numa análise mais ampla. Mas todos parecem indicar os mesmos resultados.

A potencialidade de tornar o usuário em adicto, por exemplo, é um dos critérios mais utilizados nos estudos científicos sobre os danos relacionados às drogas. É também um dos argumentos mais frequentes a justificar a proscrição.

Glen R. Hanson, Peter J. Venturelli e Annette Fleckenstein (2012) se propuseram, em estudo científico[99], a determinar o potencial de causar

---

[98] Considerando que o potencial lesivo dos opióides é muito maior que aquele verificado nos canabinoides.

[99] A descrição da metodologia empregada não atenderia aos fins do presente tópico.

dependência psicológica[100] inerente a algumas drogas (lícitas e ilícitas), tendo por resultado os números transcritos no gráfico seguinte:

Gráfico 3 - Potencial de vício das drogas.

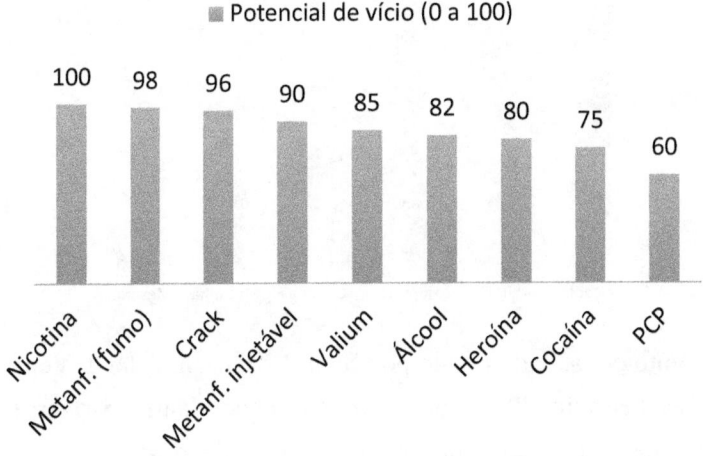

* Maconha, *ecstasy*, mescalina e LSD tiveram pontuação inferior a vinte.

No entanto, não obstante o potencial de tornar dependentes seus usuários ser um dos mais relevantes critérios para determinar os riscos inerentes a cada droga, faz-se necessário uma investigação mais abrangente, em que outros aspectos sejam mutuamente ponderados.

Nesse sentido, já em 1958, Maurice Seevers (1958) propôs uma classificação do risco das drogas a partir de seis critérios: tolerância[101], dependência física, dependência psicológica, deterioração física e comportamento antissocial. A cada critério se atribuiu índice de 0 a 4. Assim, o risco de cada substância psicoativa seria medido numa escala de 0 a 24. Segue o resultado:

---

[100] Thomas C. Rowe (2006) alerta que é a dependência psicológica que realmente determina o comportamento do adicto em busca da droga, não a dependência física.
[101] No sentido de quanto o organismo humano pode tolerar determinada droga de forma segura.

Gráfico 4 - Riscos das substâncias psicotrópicas.

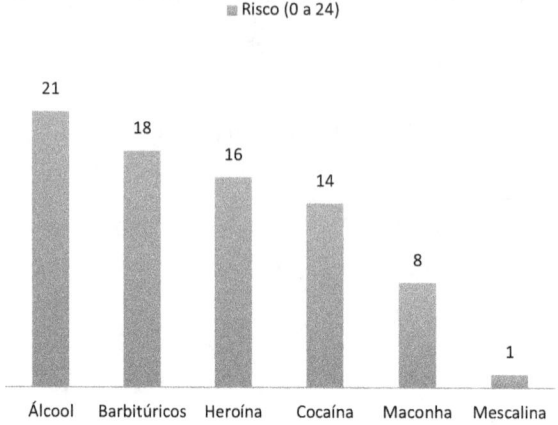

■ Risco (0 a 24)

Tanto o resultado obtido por Glen R. Hanson, Peter J. Venturelli e Annette Fleckenstein (2012) como a conclusão de Maurice Seevers (1958), voltam-se aos danos que sofrem os usuários de drogas, em razão do consumo em si.

Embora os dois estudos citados sejam relevantes ao conhecimento dos riscos intrínsecos às drogas, pouca influência têm à verificação da proporcionalidade, uma vez que os danos a serem considerados para fins da tutela penal são aqueles relacionados com terceiros, não os inerentes ao usuário. É que não se deve punir[102] a autolesão.

Não se pode negar, no entanto, a relevância desses dados para aferição da proporcionalidade de medidas legislativas ou administrativas, em relação aos psicotrópicos, a determinar, por exemplo, controle, regulação, taxação, indenização *et coetera*. São importantes também para desmistificação do argumento moral, uma vez que algumas das drogas aceitas socialmente (álcool e tabaco) são mais nocivas que outras proscritas.

---

[102] Ao menos em relação à sanção de natureza penal.

Assim, para os fins ora propostos, pode-se tomar por parâmetro o estudo coordenado por Jan van Amsterdam, Antoon Opperhuizena, Maarten Koeter e Wim van den Brink (2010), no sentido de investigar os danos (em nível individual e coletivo) associados às substâncias psicotrópicas. Um grupo de dezenove especialistas avaliou os efeitos nocivos de dezessete drogas ilícitas e duas lícitas, tomando por referência dados técnicos coletados na Holanda e na literatura específica, focando-se em critérios como toxicidade aguda; toxidade crônica, potencial viciante e danos sociais. Numa escala de 0 a 3, as drogas foram classificadas quanto seu potencial lesivo ao indivíduo e à coletividade. O resultado completo (van Amsterdam, et al. 2010, 204) está reproduzido na tabela seguinte:

Tabela 4 - Potencial lesivo das drogas.

| Droga | Potencial lesivo | | Danos físicos | | | Dependência | Danos sociais | | |
	Danos individuais	Danos sociais	Média	Toxidade Aguda	Toxidade Crônica		Ao usuário	À população	Diferença
Crack	2,63	2,41	2,51	2,39	2,63	2,82	2,55	1,89	0,66
Heroína	2,53	2,30	2,20	2,37	2,03	2,89	2,50	1,78	0,72
Tabaco	2,20	2,27	1,71	0,53	2,89	2,82	2,06	2,28	-0,22
Álcool	2,16	2,36	2,18	1,89	2,47	2,13	2,16	2,76	-0,61
Metanfetamina	2,06	1,67	2,11	2,03	2,18	2,24	1,84	0,56	1,29
Cocaína	2,06	1,93	2,00	1,95	2,05	2,13	2,05	1,66	0,39
Metadona	1,94	1,68	1,68	1,95	1,42	2,68	1,42	0,68	0,73
Anfetamina	1,84	1,64	1,80	1,71	1,89	1,95	1,76	1,18	0,58
GHB	1,53	1,32	1,32	1,84	0,79	1,71	1,55	0,92	0,63
Benzodiazepina	1,33	1,36	0,87	0,97	0,76	1,89	1,24	1,32	-0,08
Buprenorfina	1,31	1,00	0,99	1,21	0,76	1,71	1,24	0,29	0,95
Canabinoides	1,19	1,26	1,18	0,84	1,53	1,13	1,26	1,47	-0,21
Cetamina	1,07	0,82	1,24	1,55	0,92	0,84	1,13	0,39	0,74
Ecstasy	1,06	1,03	1,34	1,34	1,34	0,61	1,24	1,13	0,11
Metilfenidato	0,85	0,69	0,88	0,92	0,83	0,86	0,81	0,33	0,47
Anabolizantes	0,78	0,67	0,84	0,45	1,24	0,71	0,79	0,45	0,34
Khat	0,66	0,52	0,67	0,39	0,95	0,76	0,55	0,13	0,42
LSD	0,65	0,46	1,08	1,47	0,68	0,03	0,84	0,26	0,58
Cogumelos alucinógenos	0,40	0,31	0,51	0,89	0,13	0,03	0,66	0,39	0,26

Do resultado apresentado, interessa à presente análise da *proporcionalidade em sentido estrito*, a coluna que trata especificamente dos danos sociais causados à população de um modo geral, uma vez que, como dito, o bem jurídico, cujos danos (físicos ou sociais) foram experimentados pelo próprio usuário, não deve ser objeto de tutela em matéria penal. Nesse caso, tem-se o seguinte quadro:

Gráfico 5 - Potencial lesivo das drogas em relação à coletividade.

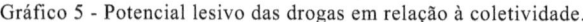

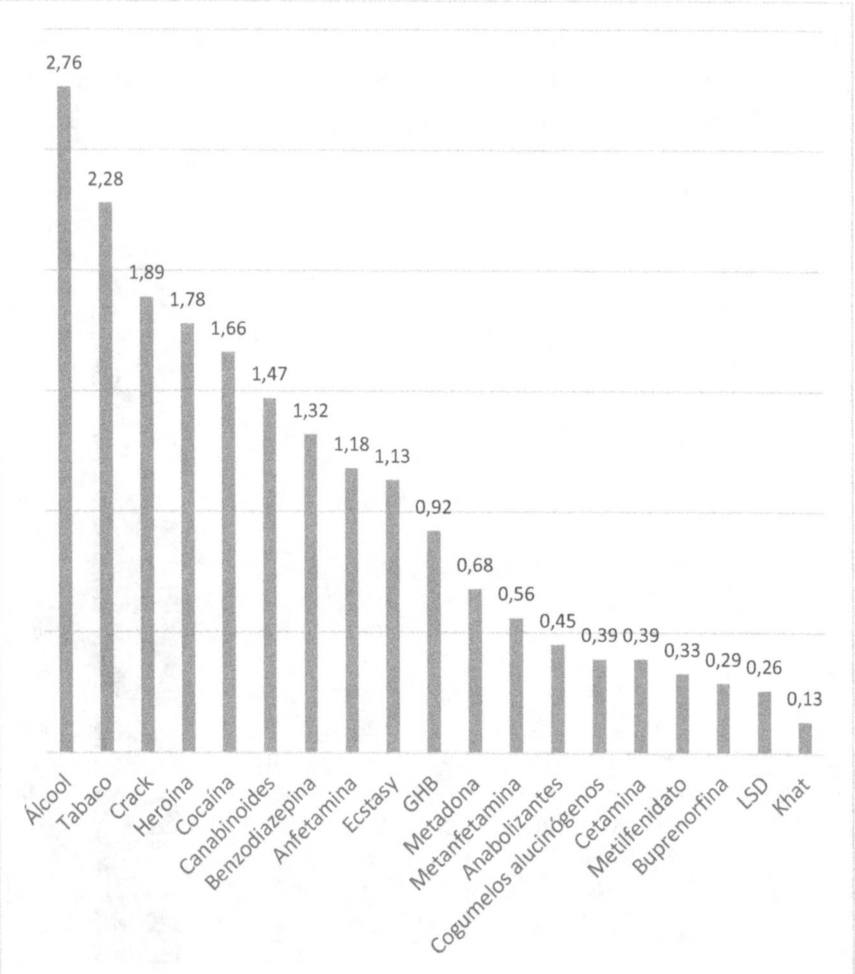

Ou seja, no citado estudo, especificamente quanto aos danos sociais intrínsecos às drogas, dirigidos à população de um modo geral, experimentados por terceiros, as substâncias mais nocivas são, justamente, as que gozam de *status* legal, álcool e tabaco.

Ainda, acerca dos danos intrínsecos às drogas, outro trabalho científico a ser levado em consideração é o levantamento coordenado por David Nutt, Leslie King e Lawrence Phillips (2010), utilizando dezesseis critérios (nove em razão do usuário, sete em relação à coletividade) para avaliar o risco inerente à vinte tipos diferentes de drogas[103].

A pontuação atribuída a cada um desses critérios, em relação à cada específico psicotrópico mutuamente considerado, foi estabelecida a partir

---

[103] Os critérios são: "**Mortalidade diretamente relacionada a drogas**- letalidade intrínseca da droga expressada como proporção da dose letal e da dose padrão (para adultos); **Mortalidade indiretamente relacionada com a droga** - medida do quanto a vida é reduzida pelo uso da droga (exclui a mortalidade específica causada pela droga) - por exemplo, acidentes de trânsito, cânceres de pulmão, HIV, suicídio; **Danos diretamente causados pela droga** - danos específicos das drogas à saúde física - por exemplo, cirrose, convulsões, ferimentos, cardiomiopatia, úlceras de estômago; **Danos indiretamente relacionados com a droga**- danos à saúde física, incluindo consequências de, por exemplo, atividades sexuais indesejadas, automutilação, viroses sanguíneas, enfisema e danos por objetos cortantes; **Dependência** - a medida que uma droga causa propensão ou o desejo de continuar usando a mesma, apesar das consequências negativas; **Comprometimento direto do funcionamento mental [...]** - por exemplo, a psicose induzida por anfetamina, a intoxicação pela cetamina; **Comprometimento indireto do funcionamento mental relacionados a toxicodependência [...]** - por exemplo, transtornos de humor, acompanhando o uso de droga ou estilo de vida do usuário de drogas; **Perda de bens** - medida da perda de coisas tangíveis (por exemplo: renda, habitação, trabalho, realizações educacionais, ocorrência de registro criminal e prisão); **Perda de relacionamentos** - perda de relacionamentos com a família e amigos; **Lesões** - medida em que o uso de uma droga aumenta as chances de lesões a outros, direta e indiretamente — por exemplo, violência (incluindo violência doméstica), acidente de trânsito, dano fetal, uso abusivo, transmissão secundária de vírus pelo sangue; **Crime** - medida em que o uso de uma droga envolve ou leva alguém a praticar atos criminosos (além do ato de uso de drogas), direta ou indiretamente (a nível populacional, não a nível individual); **Dano ambiental** - danos causados ao meio ambiente pelo uso e pela produção de uma droga de forma localizada - por exemplo, resíduos tóxicos das fábricas de anfetamina, agulhas descartadas; **Adversidades familiares** - adversidades familiares causadas pelo uso de uma droga - por exemplo, degeneração da família, do bem-estar econômico, do bem-estar emocional, das perspectivas futuras para as crianças, negligência infantil; **Danos internacionais** - medida de como o uso de drogas no Reino Unido provoca danos internacionais - por exemplo, desmatamento, desestabilização dos países, a criminalidade internacional e novos mercados; **Custo econômico** - danos econômicos causados pelo uso de uma droga nos custos diretos para o país (por exemplo, cuidados com a saúde, polícia, prisões, serviços sociais, costumes, seguros, crimes) e os custos indiretos (por exemplo, perda de produtividade, absentismo); **Comunidade** - medida dos danos criados com a diminuição da coesão social e a perda da reputação da comunidade" (Nutt, King e Phillips 2010, 1560) (traduzido do inglês para o português. Destaques constantes no original).

do método MCDA (*multiple criteria decision analysis*)[104] [105] e, ao final, somada para aferir o índice geral (Nutt, King e Phillips 2010, 1563):

Gráfico 6 - Classificação de cada droga em razão de sua nocividade, por critério e resultado geral.

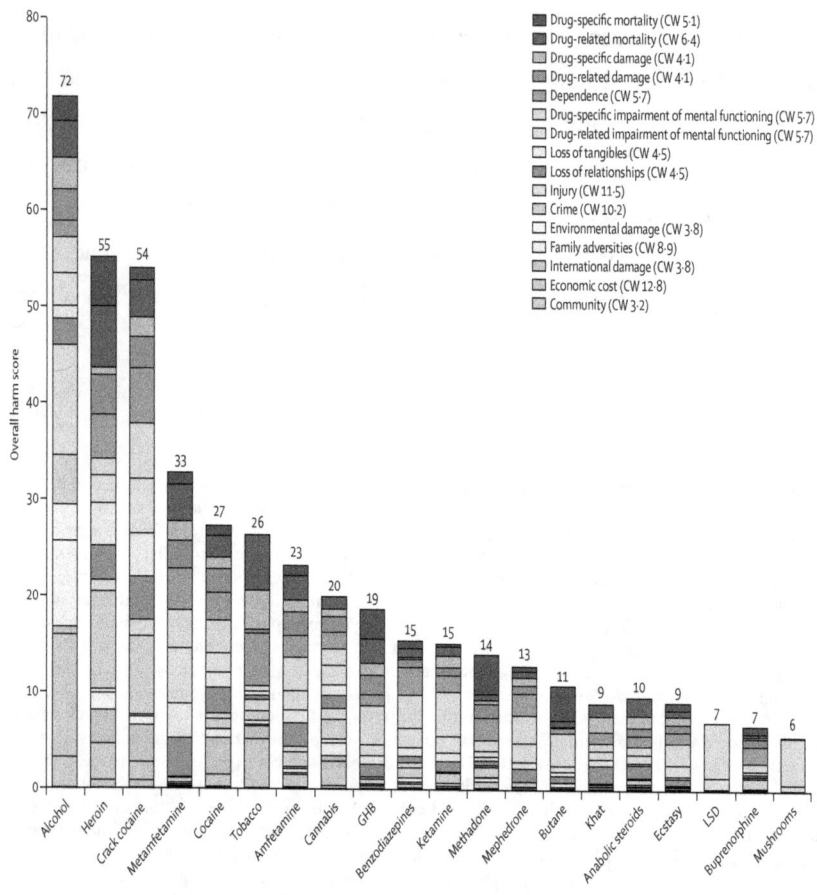

---

[104] A metodologia multicritério de apoio à decisão "consiste em um conjunto de técnicas para auxiliar um agente decisor – indivíduo, grupo de pessoas ou comitê de técnicos ou dirigentes – a tomar decisões acerca de um problema complexo, avaliando e escolhendo alternativas para solucioná-lo segundo diferentes critérios e pontos de vista" (Jannuzzi, Miranda e Silva 2009, 71).

[105] "Analise de Decisão Multicritério (MCDA) é uma técnica frequentemente usada em situações em que a tomada de decisão demanda a consideração de diferentes tipos de critérios, onde existem tantas dimensões que não se pode facilmente tirar conclusões de discussões simples. A MCDA considera uma questão através de diferentes critérios e, em seguida, compara-os mutuamente para avaliar a sua importância relativa. Esses critérios podem incluir medidas objetivas e juízos de valor subjetivo. Podem também incorporar um elemento de incerteza" (Nutt 2012, 35) (traduzido do inglês para o português).

Referido gráfico exibe a contribuição de cada um dos dezesseis critérios para formação do índice geral de periculosidade intrínseco às substâncias psicoativas objeto do estudo. No próximo, os nove critérios para aferição do risco das drogas em caráter individual (relacionado ao próprio usuário) e os sete dirigidos à coletividade são condensados em dois grupos: 1) danos aos usuários e 2) danos à coletividade (Nutt, King e Phillips 2010, 1561).

Gráfico 7 - Classificação de cada droga em razão de seu potencial lesivo ao usuário e à sociedade.

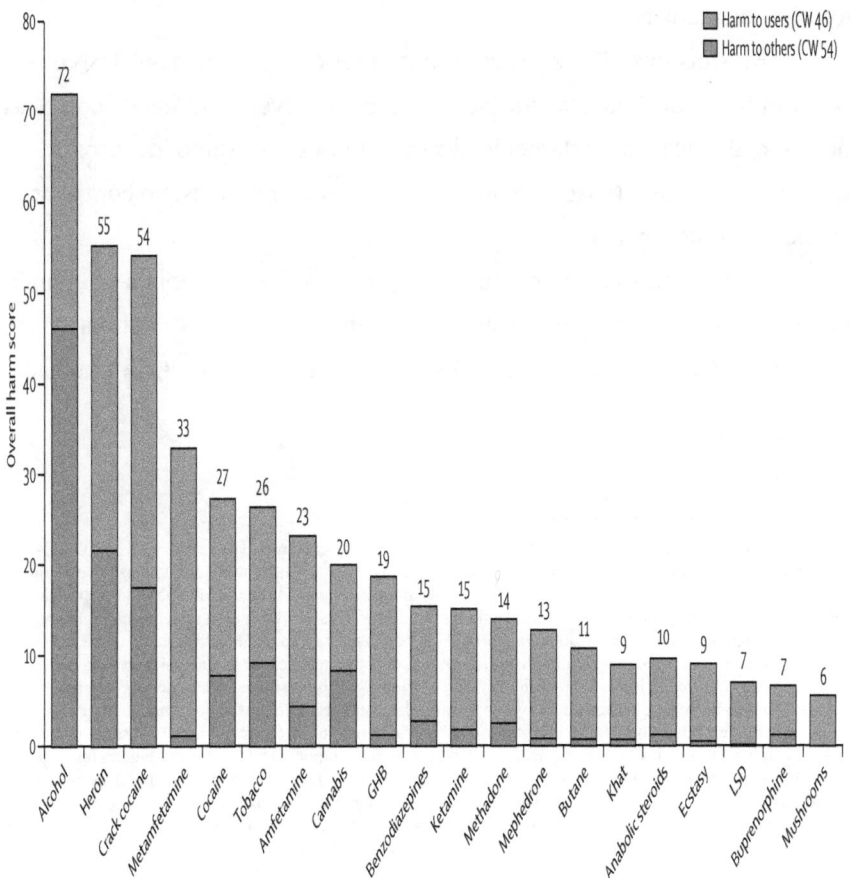

Considerando os danos individuais e a terceiros em conjunto, das vinte drogas objeto do estudo, álcool e tabaco, substâncias lícitas, figuram, respectivamente, como a primeira e a sexta mais perigosas.

Ponderando apenas em relação aos danos experimentados por terceiros, o álcool permanece como o psicoativo mais nocivo (agora com mais destaque) e o tabaco figura em quarto (à frente dos canabinoides, cocaína, *ecstasy*, metadona, LSD *et coetera*).

Aliás, de todos os estudos até então apresentados, as bebidas alcoólicas[106] e o tabaco sempre se fazem presentes no grupo das drogas mais nocivas à sociedade.

Mesmo quando os critérios para aferição do potencial lesivo dos psicotrópicos são aqueles que se aplicam no nível individual, como as mortes e doenças indiretamente decorrentes do consumo de drogas, se tratando de álcool e tabaco, de tão expressivos os números, se configuram em danos à coletividade.

A título ilustrativo, no ano 2000, mais de 3% dos óbitos no mundo guardavam relação com o consumo de bebidas alcoólicas (Rehma, et al. 2003) e, a cada ano, 6 milhões de pessoas morrem em decorrência do tabaco,

---

[106] Sobre os danos relacionados ao consumo de bebidas alcoólicas, esclarece Thomas C. Rowe (2006, 2427): "Ao contrário do cigarro, o álcool prejudica a sociedade tanto quanto o faz com os indivíduos. Isso acontece através da desagregação familiar, violência, acidentes de todos os tipos, dias de trabalho perdidos e crimes. Ate mesmo os custos com cuidados com a saúde pública são muito mais elevados com relação aos problemas do alcoolismo. Além do grande dano psicológico produzido pelo uso abusivo do álcool, o dano físico é extensivo também. As doenças causadas pelo alcoolismo, somadas, constituem a terceira principal causa de morte nos Estados Unidos. Estão incluídas cirrose hepática, distúrbios gastrointestinais (variando de úlceras, a uma síndrome de má absorção, que deixa o individuo incapaz de absorver a vitamina B dos alimentos), pancreatite, lesões cerebrais e vários tipos de câncer. A cirrose hepática constitui a oitava principal causa de morte nos Estados Unidos e a terceira principal causa de morte em homens brancos entre quarenta e quarenta e quatro anos. Outras fontes causam doenças no fígado, mas é provável que oitenta por cento ou mais destas mortes são devido ao consumo excessivo do álcool. Dezenas de livros foram escritos sobre os problemas de alcoolismo e o uso abusivo do álcool e apesar de tudo o que sabemos sobre os danos e perigos inerentes a beber em excesso, parece muito improvável que voltaremos à proibição. Uma razão principal para isto é que as pessoas que fazem e aplicam as leis são, tanto quanto qualquer outra pessoa, prováveis usuários dessa droga, e a maioria das pessoas não apenas usam-na em algum grau, mas poucas conseguem usá-la com segurança, sem prejudicar-se ou prejudicar aos outros" (traduzido do inglês para o português).

incluindo seiscentos mil fumantes passivos (WHO 2011)[107]. Tais números demonstram que, quanto a essas duas substâncias, os danos causados aos próprios usuários acabam por se confundir com os riscos impostos à coletividade.

Quando se observa que duas das drogas mais nocivas à sociedade são consideradas lícitas, reforça-se a ideia de que a proscrição e o tratamento criminal que fundamenta a *guerra contra as drogas* encontra guarida apenas no campo moral e político, não em dados técnicos e científicos acerca dos danos inerentes aos mais diversos tipos de psicoativos.

Não são os danos à coletividade intrínsecos às drogas a fundamentar a criminalização, senão a percepção moral que a sociedade guarda sobre elas. Álcool e cigarro são legais por razões políticas, não por serem inofensivas, pois inofensivas não são. Da mesma forma, as drogas proscritas são ilícitas também por motivos políticos, não meramente porque são ofensivas. A atual abordagem em relação às drogas não é *proporcional*. Somente o seria, se aplicada igualmente para todas as substâncias recreativas ou viciantes (Rowe 2006).

Uma determinada substância provoca níveis maciços de problemas de saúde de todos os tipos e centenas de milhares de mortes prematuras por ano, mas é legal em qualquer quantidade para qualquer adulto. As únicas restrições envolvidas dizem respeito ao local e a partir de que idade pode ser usada. Da mesma forma, outra substância permitida para todos os adultos é amplamente reconhecida, em todo o mundo, como a mais nociva da história. Quando suficientemente abusada, causa morte, destruindo o

---

[107] Sobre os danos inerentes ao fumo, assevera Thomas C. Rowe (2006, 2414): "O uso do tabaco é extremamente nocivo ao ser humano. A relação entre o tabaco e o câncer de pulmão é de conhecimento universal. Pesquisas demonstram que o uso do tabaco aumenta em vinte e cinco vezes o risco de desenvolver câncer de pulmão e, provavelmente, é responsável por noventa e cinco por cento de todas as mortes por este tipo de doença. Também aumenta o risco em relação aos outros tipos de câncer. Estima-se que quarenta e sete por cento de todas as mortes por câncer são causadas pelo uso do tabaco. Mais importante, o hábito de fumar é responsável por cerca de metade de todas as mortes por doenças cardiovasculares. Na contabilidade geral, o fumo é responsável por cerca de 25% das mortes de adultos nos Estados Unidos [...]. Os tratamentos médicos para o câncer, doenças cardiovasculares e pulmonares, decorrentes do fumo, custam dezenas de bilhões de dólares por ano" (traduzido do inglês para o português).

corpo. Mesmo quando não muito abusada, provoca comportamentos aberrantes que podem arruinar famílias e causar danos à sociedade. Tabaco e álcool, respectivamente (Rowe 2006). Enquanto isso, substâncias menos nocivas são consideradas ilegais.

Portanto, ponderando acerca da isonomia, cotejando o tratamento jurídico dado ao álcool e ao tabaco, em confronto com aquele dispensado às demais substâncias psicoativas a partir do potencial lesivo intrínseco a cada uma delas, pode-se concluir, com segurança, que a criminalização do consumo e da comercialização das drogas consideradas ilícitas não atende ao critério da *proporcionalidade em sentido estrito* sendo, por isso, desproporcional e, por consequência, inconstitucional.

3.4 CRIMINALIZAÇÃO DAS DROGAS E O CRITÉRIO DA MENOR OFENSIVIDADE SOCIAL

A subsunção da norma que criminaliza as substâncias psicoativas à noção de razoabilidade não pode ficar adstrita ao enfrentamento dos três clássicos critérios (*adequação, necessidade* e *proporcionalidade em sentido estrito*), devendo se submeter ao crivo da *menor ofensividade social* – que ora se propõe como quarto elemento do *princípio da proporcionalidade.*

Como visto, a análise da *menor ofensividade social* investiga se as consequências da proibição em matéria penal (ainda que atendam à *necessidade, adequação* e *proporcionalidade stricto sensu*), por si só, são mais graves que os resultados dos fatos que se pretendem proibir.

Equivale a negar proporcionalidade às incriminações que, mesmo *adequadas, necessárias* e *proporcionais* (*stricto sensu*) a atingir a finalidade proposta, produzem, por si só, danos à coletividade desproporcionalmente maiores do que as vantagens almejadas.

Essa ponderação acerca dos malefícios trazidos diretamente à sociedade em razão da norma penal, consequência da proibição em si, ou mesmo da pena, não está contida no conteúdo dos elementos clássicos do *princípio da proporcionalidade*.

Conforme já consignado, a norma penal será *adequada* se apta a proteger o bem por si tutelado, cumprindo a finalidade pretendida; *necessária*, se não há meio menos gravoso à liberdade individual apto a proteger o bem tutelado; *proporcional*, estrito senso, se a pena imposta for harmônica à gravidade do delito praticado e simétrica às demais incriminações previstas no sistema penal. Os bens postos à ponderação nesses três critérios correspondem àquele tutelado pela norma penal (de interesse coletivo) e a liberdade (de caráter individual).

Assim, não se pode fazer, a partir dos critérios clássicos do *princípio da proporcionalidade*, a ponderação dos bens que, embora contrapostos, interessam ambos, precipuamente, à coletividade. Ou seja, a norma penal, ainda que *adequada, necessária* e *estritamente proporcional*, pode trazer em si prejuízos sociais, antagônicos aos benefícios que ela se propôs a trazer.

A avaliação desse custo-benefício, ignorada pela análise da *adequação, necessidade* e *proporcionalidade em sentido estrito* é o campo de atuação da *menor ofensividade social*.

Dessa forma, cumpre investigar se do tratamento penal dado às substâncias psicoativas, fundamento jurídico da *guerra contra as drogas*, resultou à coletividade danos maiores que a tutela (dirigida à saúde e incolumidade pública) alcançada. Para tanto, importante ter em foco os resultados decorrentes da *guerra às drogas* e de seu inerente tratamento penal:

> 1. O crescimento de um enorme mercado negro criminoso, financiado pelos lucros gigantescos obtidos pelo tráfico que abastece a demanda internacional por drogas ilícitas.

2. Deslocamento extensivo de políticas, resultado do uso de recursos escassos para financiar as ações repressivas para controlar o mercado ilegal de drogas.

3. Deslocamento geográfico da produção de drogas que migra de uma região ou país para outro – o chamado efeito balão – para iludir a repressão sem que a produção e o tráfico diminuam.

4. Deslocamento dos consumidores de uma substância para outra, na medida em que a repressão dificulta o acesso a uma determinada droga mas não a outra, por vezes de efeito ainda mais nocivo para a saúde e a segurança das pessoas.

5. A estigmatização e marginalização dos usuários de drogas tratados como criminosos e excluídos da sociedade. (Comissão Global de Políticas sobre Drogas 2011, 9)[108]

Esses danos impostos à coletividade decorrem da própria norma incriminadora. É que existem algumas medidas legislativas que têm um forte caráter criminógeno, provocando na sociedade efeitos que se opõem ao pretendido. A norma que criminaliza as substâncias psicoativas pertence a esse grupo, na medida em que promove o surgimento de vários crimes que passam a orbitar a atividade do narcotráfico. Em raciocínio semelhante, ponderam Escudero Moratalla e Frígola Vallina (1996):

> Por otra parte, la ley prohibitiva, represiva, tiene más de corrupta que de correctora; dichas normas, agravan los problemas de marginación, al conducir a jóvenes que no ocasionan problemas sociales a una evolución problemática. Asimismo induce o abre la puerta, a determinados delitos (falsedades, coacciones, homicidios etc.).

A criminalização das drogas "impede que a sociedade e os governos enxerguem a grande variedade de razões pelas quais as pessoas usam drogas, seja de maneira controlada, seja de forma problemática" (Dreifuss

---

[108] No mesmo sentido: "As formas pelas quais se implementou o sistema de controle de drogas tiveram várias consequências inesperadas: mercado negro criminoso, deslocamento de política, deslocamento geográfico, deslocamento de substâncias e a marginalização dos usuários" (Costa 2008, 19) (traduzido do inglês para o português).

2016, 5). É assim que a proibição, em caráter penal, das substâncias psicotrópicas tem transformado meros adictos em adictos criminosos (Rowe 2006). E é assim que a criminalização das drogas tem sido um campo fértil para as organizações criminosas, envolvidas em atividades que dão suporte ao narcotráfico, como tráfico de pessoas (que passam à condição análoga a de escravo), corrupção, sequestro, terrorismo (Nutt 2012), lavagem de dinheiro *et coetera.*

A criminalização das drogas e o posterior combate ao seu comércio ilícito têm contribuído para a expansão da militarização do Estado, como agente repressor, assim também do narcotráfico, resultando no incremento do número de homicídios relacionados a esse mercado ilícito. Pode-se citar, a título de exemplo, como produto do recrudescimento da guerra aos cartéis de drogas na Colômbia, no ano de 1991, um a cada mil colombianos foi assassinado, taxa três vezes maior que a brasileira e mexicana e dez vezes maior que a norte-americana, considerando o mesmo período (Werb, et al. 2010).

Mais recentemente, após 2006, quando foi lançada campanha ostensiva de combate às drogas em todo o México, os índices que medem a violência cresceram abruptamente, de forma que, entre aquele ano e 2010, cerca de dezessete mil homicídios relacionados ao narcotráfico foram registrados no país (Werb, et al. 2010). Além disso, os cartéis de drogas mexicanos são responsáveis por outras atividades criminosas, tais como sequestro, falsificação e extorsão (Nutt 2012).

A natureza ilícita da atividade é a grande responsável pela violência relacionada às drogas – os mercados de produtos legais e regulamentados, mesmo não isentos de problemas, são incapazes de proporcionar as mesmas oportunidades para que o crime organizado obtenha expressivos lucros, desafie a legitimidade de governos soberanos e, em alguns casos, financie a insurgência e o terrorismo (Comissão Global de Políticas sobre Drogas 2011).

Como se não bastasse, as ações governamentais no combate às drogas são igualmente nocivas à sociedade (Rowe 2006), muito disso em razão da carência de critérios para o estabelecimento das leis que criminalizam as substâncias psicoativas, bem como pela indiferença estatal em relação às consequências sociais de tais medidas legislativas.

A imposição de leis mal concebidas resulta no incremento da violência, intimidação e corrupção associadas ao mercado das drogas. As agências governamentais e o crime organizado relacionado com o tráfico de drogas terminam por promover uma "corrida armamentista", inerente à guerra em si, na qual a coação estatal é prontamente respondida com o incremento da força e violência do narcotráfico (Comissão Global de Políticas sobre Drogas 2011, 15).

A violência urbana, outro efeito colateral da criminalização ora aludida, parece guardar relação direta com a própria *guerra contra as drogas*, não com os psicotrópicos em si, de forma que quanto mais se investe no combate às substâncias psicoativas, mais insegura se torna a sociedade.

Com efeito, o gráfico a seguir colacionado, elaborado por Werb, et al. (2010, 14), demonstra que, nos Estados Unidos da América, entre os anos de 1900 até o final da década de 1990, é diretamente proporcional o investimento na *guerra contra as drogas* e o índice de homicídios registrados, corroborando a ideia ora desenvolvida.

Gráfico 8 - Taxa de homicídio (linha contínua) e investimento no combate ao álcool e drogas ilícitas (linha tracejada) nos Estados Unidos da América, entre os anos 1900 e 2000.

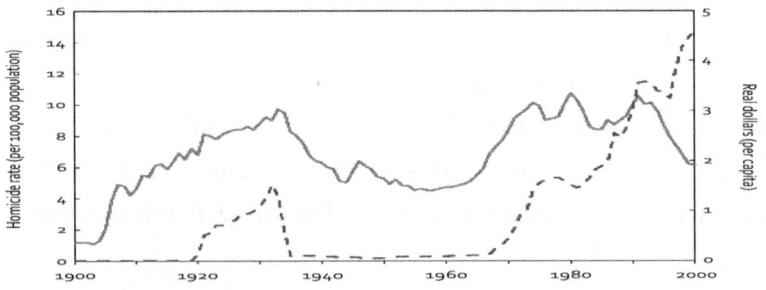

O gráfico anterior é produto de investigação científica acerca das consequências da proibição das substâncias psicotrópicas, notadamente no que é pertinente à violência dela decorrente, evidenciando a mais grave sequela da *guerra às drogas* e sua política criminal. E sobre essa natureza criminógena da norma penal que proscreve as substâncias psicoativas, convém transcrever:

> Também o tráfico de entorpecentes se enquadra entre aquelas infrações em que o próprio bem jurídico tutelado acaba sendo posto sob ameaça. Percebe-se que a incriminação do comércio de entorpecentes acaba por gerar problemas de saúde pública mais sérios do que aqueles que se intentava evitar, uma vez que os consumidores das drogas são postos numa situação de clandestinidade e têm de afrontar não apenas o risco inerente à própria substância entorpecente que desejam consumir, mas a concreta possibilidade de que a droga esteja adulterada e repleta de impurezas de todo o gênero - e tais adulterações fazem com que as substâncias que realmente vêm a ser consumidas sejam muito mais perigosas para a saúde do que as originais. E isto sem contar, ainda, que o fato de os consumidores encontrarem-se na marginalidade dificulta que os programas destinados à saúde pública atinjam esta importante parcela da população. (Gomes 2003, 149)

Em decorrência desse caráter criminógeno da proscrição das drogas, atualmente, no mundo, existem 2 milhões de indivíduos presos por delitos a ela relacionados, o que representa um quarto da população carcerária, sem que a demanda e a oferta de substâncias ilícitas tenham sofrido qualquer decréscimo. A maioria dos encarcerados são pequenos traficantes que não estão diretamente vinculados a qualquer atividade violenta[109]. A situação atual, em relação à proscrição das drogas e suas consequências, moveu

---

[109] Desenvolvendo o mesmo raciocínio, alerta Kasia Malinowska-Sempruch (2011, 7): "Prisões no mundo inteiro estão cheias de pessoas condenadas por crimes relacionados com drogas. Muitas delas viram-se envolvidas com o consumo ou tráfico de drogas devido a problemas de adição ou pobreza. As altas taxas de encarceramento têm um impacto negativo junto dos reclusos, das suas famílias e das sociedades, para quem representam um enorme fardo económico. Frequentemente, a punição é largamente desproporcionada, com longas penas de prisão atribuídas a pequenos delitos".

Ferrajoli (1993) a defender a revogação do que considera absurda e criminógena lei de drogas.

Outro aspecto a revelar danos à coletividade, decorrentes da proscrição das drogas, diz respeito à dificuldade de se estabelecer novas políticas públicas fundadas em medidas de redução de riscos, enquanto o tratamento dispensado aos psicotrópicos tiver foco na criminalização.

O controle da produção e distribuição, bem como a regulação da comercialização das substâncias psicoativas, medidas aptas a mitigar os danos sociais a elas relacionados, não são possíveis no presente ambiente de proscrição e criminalização.

Ou seja, o atual tratamento penal dado às drogas, além de gerar danos à população de um modo geral, ainda impede que os problemas relacionados à saúde e incolumidade pública sejam enfrentados de maneira adequada[110].

Enfim, quando a *guerra contra as drogas* foi declarada, seu objetivo era mitigar os danos à saúde pública relacionados ao consumo abusivo de substâncias psicotrópicas. A norma penal tinha o escopo de tutelar esse bem garantido constitucionalmente.

No entanto, além de incrementar os danos à saúde e incolumidade pública, a proscrição das drogas em matéria penal causou sérios problemas no âmbito da segurança pública, outro bem de *status* constitucional. No que é pertinente às drogas, a humanidade convivia com um sério problema. Hoje, tem de conviver com dois. É chegada a "hora de os Estados assumirem sua responsabilidade plena e retirarem as drogas das mãos do crime organizado. É hora de assumir o controle" (Dreifuss 2016, 6).

Dessa forma, pode-se concluir que a norma incriminadora das substâncias psicotrópicas não atende ao critério da *menor ofensividade*

---

[110] "O proibicionismo criminalizador voltado contra as drogas tornadas ilícitas oculta o fracasso de seus objetivos explícitos, oculta paradoxos, como os maiores riscos e danos à saúde, enganosamente apresentada como objeto de proteção, e ainda promove a violência" (Karam 2009, 8).

social sendo, também nesse aspecto, desproporcional e, consequentemente, inconstitucional.

CONCLUSÃO

A noção de proporcionalidade, mesmo que ainda não erigida ao patamar de princípio jurídico, já permeava a Lei do Talião. O dogma "olho por olho, dente por dente", ao longo do tempo, tornou-se o cerne daquele estatuto e se consubstanciou na busca, tanto quanto possível, em aplicar pena estritamente proporcional ao prejuízo suportado. A reprimenda (a atingir esfera de liberdade individual em nome do interesse geral), somente seria possível se guardasse medida com o dano perpetrado.

O *princípio da proporcionalidade*, embora delimitado à sua noção do que hoje se convencionou chamar de *proporcionalidade em sentido estrito*, já se fazia presente na *Magna Charta*, sendo aplicada pelos tribunais ingleses ao longo dos séculos, reproduzida no *Bill of Rights* e no texto da Oitava Emenda à Constituição dos Estados Unidos da América, de 1791.

Enquanto princípio jurídico, a noção de proporcionalidade foi sistematizada no processo de transição do Estado de polícia para o Estado de direito, submetendo as medidas governamentais à sua ponderação.

No entanto, com a sistematização e dimensão nas quais se apresenta hoje, dividido que está em subprincípios que lhe dão conteúdo e força, o *princípio da proporcionalidade* foi idealizado pela escola constitucional germânica, resultado de um ambiente preparado pelas discussões jus-filosóficas ocorridas após a Segunda Guerra Mundial. A própria lei deveria buscar legitimidade em outras fontes além dela própria – a ponderação de valores fundamentais, exprimida pelo juízo da razoabilidade, seria um dos critérios a aferir a constitucionalidade das medidas legislativas. Essa ideia foi prontamente recepcionada pela doutrina dos mais diversos Estados.

Assim, o *princípio da proporcionalidade*, além de servir como um dos pilares do ordenamento jurídico, passou a exercer também relevante função interpretativa, na medida em que colabora para a orientação do exegeta na busca da solução mais razoável para os casos concretos que lhe são apresentados, sobretudo quando se tem sob análise a colisão de direitos fundamentais. Por essa razão, a doutrina o tem identificado como o mais importante princípio jurídico fundamental.

Tal qual sistematizado pela doutrina alemã, o *princípio da proporcionalidade* apresenta-se em três dimensões, representadas por seus elementos *adequação*, *necessidade* e *proporcionalidade em sentido estrito*. De forma sintética, pode-se afirmar que a lei será: *adequada* se cumpre a finalidade por si pretendida; *necessária*, se não há meio menos gravoso à obtenção do fim almejado; e *proporcional, estrito senso*, se a intensidade da sanção imposta ao indivíduo for equivalente ao dano que se quis prevenir (caráter retributivo). Os bens postos à ponderação nesses três critérios correspondem àquele tutelado pela norma penal (de interesse social) e a liberdade (de caráter individual).

E quando se trata de matéria penal, cujas consequências práticas da aplicação da norma incidem direta e profundamente na esfera individual, há de se ter maior rigor na aferição da proporcionalidade entre os bens constitucionais envolvidos, tais como vida, segurança pública, propriedade *et coetera* em contraposição à liberdade. É, pois, no campo do direito penal constitucional que ao *princípio da proporcionalidade* é conferido mais força.

A partir dessa percepção, oferece-se um novo critério à aferição da proporcionalidade, e consequente constitucionalidade, da norma. A inovação consiste em afirmar que, sobretudo em matéria penal, a análise do *princípio da proporcionalidade* não se esgota no enfrentamento dos três clássicos elementos (*adequação*, *necessidade* e *proporcionalidade em sentido estrito*), devendo ser acrescido ao seu conteúdo o postulado da *menor ofensividade social*.

Na análise da *menor ofensividade social* leva-se em conta se as consequências da restrição à liberdade (ainda que atendam à *necessidade*, *adequação* e *proporcionalidade*, *stricto sensu*), por si só, são mais graves que os consectários dos fatos que se pretendem proibir.

A lei apresenta-se socialmente menos ofensiva, se a medida trouxer consequências à coletividade menos graves do que os males que se propôs evitar. Realiza-se, nesse aspecto, uma ponderação entre os interesses coletivos, protegidos pela norma, em contraposição aos interesses coletivos, atingidos pela mesma norma.

Essa ponderação não é realizada a partir dos três critérios clássicos do *princípio da proporcionalidade*, pelos quais se tem em conta o bem tutelado pela norma penal (de interesse coletivo) em contraposição ao bem fundamental atingido pela mesma lei, a liberdade (de caráter individual). Não se pode fazer, a partir dos critérios clássicos do *princípio da proporcionalidade*, a ponderação dos bens que, embora contrapostos, interessam ambos, precipuamente, à sociedade.

Assim, sempre que a norma for submetida ao *princípio da proporcionalidade*, de forma a investigar sua constitucionalidade, há de se ter um quarto parâmetro, o da *menor ofensividade social*.

No que é pertinente à guerra contra as substâncias psicoativas, importante considerar que em todas as civilizações a droga se fez presente. Na maioria delas, havia mais de um tipo de droga. Em todas elas havia o consumo de álcool.

A *guerra contra as drogas* se apresenta em três momentos distintos: 1) a fase eminentemente moral, em que o combate às drogas é tomado como princípio; 2) a fase objetiva, na qual a *guerra às drogas* é tida como meio para solucionar os problemas relacionados às substâncias psicotrópicas; e 3) a fase bélica, onde a *guerra às drogas* passa a ser um fim em si próprio.

Importante perceber que a história da *guerra contra as drogas* é a própria história do combate às substâncias psicoativas promovido pelos Estados Unidos da América. O que se fez proscrito naquele país se fez ilegal nos demais Estados, que importaram sua regulação através dos mecanismos de direito público internacional.

Embora tenha o argumento moral fundamentado as três fases, na primeira, além de base, se apresentava como objetivo. O combate às drogas, na fase inicial, tencionava proteger a ética ameaçada pelo padrão desviado do consumo de drogas.

Nesse período, com base no padrão moral à época vigente nos Estados Unidos da América, restou reprimido o consumo de ópio (Primeira Convenção Internacional do Ópio e *Harrison Narcotics Tax Act* de 1914), do álcool (Décima-oitava Emenda à Constituição daquele país, em 1919, e *National Prohibition Act* de 1920), que voltou a ser legalizado no ano de 1933, da maconha (*Marihuana Tax Act* em 1937) e de várias outras (Convenção Única de Nova Iorque sobre Entorpecentes, em 30 de março de 1961).

Após essa fase, recrudescendo o controle sobre as substâncias consideradas ilícitas, dá-se início ao combate às drogas, agora como forma de forçar a redução do consumo até sua extinção, com o *Comprehensive Drug Abuse Prevention and Control*, de 1970, que além de regulamentar e classificar o uso de medicamentos com base na intrínseca capacidade de dependência e abuso, consolidou todo o arcabouço legal anterior quanto à identificação e proscrição das drogas consideradas ilegais. A *guerra contra as drogas*, expressão cunhada nesse período, evoluiu para se tornar o meio pelo qual o consumo seria mitigado.

No entanto, ante à impossibilidade de vencer o narcotráfico, a *guerra contra as drogas* passou a ser um fim em si mesma a partir da década de 1980.

Em nome dos direitos humanos, da intervenção humanitária, do combate ao comunismo ou às drogas, da democracia *et coetera*, os Estados Unidos da América sempre recorrem à guerra como forma de exercer e, ao mesmo tempo, consolidar seu poder hegemônico.

No início da década de 1980, a Guerra Fria já não mais demandava maiores investimentos e, com a queda do muro de Berlim no final da mesma década, encerrava-se aquele período histórico. Os esforços militares dos Estados Unidos da América necessitavam de um novo argumento.

E esse novo argumento passou a ser o combate às drogas. Disso resultou a militarização da *guerra contra as drogas* e o surgimento de conflitos internacionais em razão do narcotráfico, fenômeno observado até os dias atuais.

O fundamento jurídico da *guerra contra as drogas*, desde o início, consubstancia-se na criminalização do uso e comercialização das substâncias psicotrópicas consideradas ilícitas.

E esse modelo criminal proibicionista adotado na *guerra contra as drogas* encontra fundamento no direito penal do inimigo, segundo o qual o Estado pode, em situações que exponham a coletividade a grave perigo, negar a determinada categoria de criminosos (os inimigos) as garantias inerentes ao que chama de direito penal do cidadão, cabendo-lhes apenas a coação estatal.

No combate aos psicoativos, rechaçou-se qualquer possibilidade de resolução do problema por meio de outros métodos. Nem mesmo o direito penal garantista foi reconhecido como hábil a mitigar o problema das drogas. A violência, monopólio do Estado, teria de ser invocada contra o inimigo – as substâncias psicotrópicas, seus produtores, traficantes e usuários.

E, como resultado de sua inerente criminalização, mesmo tendo consumido trilhões de dólares; encarcerado aos milhões; e custado a vida de milhares de pessoas; pode-se dizer que a *guerra contra as drogas* não reduziu a oferta de substâncias psicoativas consideradas ilícitas; não reduziu a demanda por drogas; nem mitigou os danos dela decorrentes. Seu fracasso é patente.

Compreendidos o *princípio da proporcionalidade*, em suas quatro dimensões, a *guerra contra as drogas*, desenvolvida nas suas três fases, e o fundamento jurídico dessa, fez-se possível submeter a norma penal que criminaliza as substâncias psicoativas ao teste de constitucionalidade, através do crivo da razoabilidade.

A verificação da proporcionalidade da norma penal que proscreve as substâncias psicotrópicas redundou na própria aferição da razoabilidade da *guerra contra as drogas*, uma vez que essa é o alicerce legal desta.

A norma penal que criminaliza as drogas, para ser considerada proporcional e, consequentemente constitucional, deve ser *adequada, necessária, proporcional em sentido estrito* e *socialmente menos ofensiva*.

Tal norma objetiva tutelar a saúde e incolumidade pública a partir de três frentes: 1) reduzir a oferta de substâncias psicotrópicas consideradas ilícitas; 2) reduzir a demanda por drogas; e 3) mitigar os danos decorrentes das drogas.

Por não ter atingido nenhum desses objetivos, pode-se afirmar com segurança que a norma penal, base legal da *guerra contra as drogas*, é inadequada aos fins por ela perseguidos, não atendendo ao *princípio da proporcionalidade*.

No que é pertinente ao segundo elemento, a lei que proíbe e criminaliza as substâncias psicoativas, base legal da *guerra contra as drogas*, somente se faz necessária: 1) demonstrando-se que a saúde e incolumidade pública, bens juridicamente tutelados, figuram dentre aqueles considerados constitucionalmente, essenciais ao pleno desenvolvimento da sociedade; e 2) demonstrando-se que não seria possível a tutela de tais bens a partir de outro mecanismo (tão eficiente quanto), administrativo ou legal, que não seja a incriminação (mais onerosa ao indivíduo).

Considerando ser a saúde pública um direito garantido constitucionalmente, conforme proclama o poder, diretamente decorrentes da dignidade da pessoa humana, resta atendido, nessa perspectiva, o primeiro critério de verificação da *necessidade*.

Quanto ao segundo critério, a partir do estudo das políticas de redução de danos desenvolvidas em alguns Estados, alternativas à criminalização, no sentido da mitigação dos problemas de saúde e incolumidade pública decorrentes do uso inadequado de drogas, embora ainda tímidas e limitadas pela cogente proscrição das substâncias psicoativas (em razão dos tratados internacionais), apresentam grau de eficiência maior que a norma penal utilizada para o mesmo fim.

Assim, a criminalização das substâncias psicotrópicas se mostra menos eficiente à tutela dos bens constitucionais (saúde e incolumidade pública) que as políticas de redução de danos. Custam mais ao Estado, em termos econômicos, e ao cidadão, em razão da própria tutela penal, e não obtém os mesmos resultados, pelo que se pode afirmar sua desnecessidade e consequente desproporcionalidade, condutora à inconstitucionalidade.

Para aferição da *proporcionalidade em sentido estrito* da norma penal que proscreve as substâncias psicotrópicas, pondera-se acerca da isonomia, cotejando o tratamento penal dado às demais substâncias psicoativas a partir do potencial lesivo intrínseco a cada uma delas.

Equivale a dizer que não atende ao *princípio da proporcionalidade* a circunstância da norma penal proscrever determinada substância psicotrópica, enquanto outro psicoativo, embora mais nocivo ao ser humano e à sociedade, seja considerado legal, submetido apenas à regulação administrativa.

Pela análise de estudos científicos que se propõem a investigar e classificar o potencial lesivo inerente às principais drogas consumidas pelo ser humano, lícitas e ilícitas, observa-se que o álcool e o tabaco figuram entre as drogas mais nocivas ao indivíduo e à coletividade.

Partindo do pressuposto de que as incriminações não devem ser realizadas a partir da acepção moral atribuível a determinada conduta, senão em razão dos danos que venha a causar à coletividade, a criminalização de substâncias psicoativas menos nocivas do que aquelas consideradas legais se mostra desproporcional e, por isso, inconstitucional.

Não bastasse, o mesmo resultado foi obtido na análise do subprincípio *menor ofensividade social*. Ao investigar se do tratamento penal dado às substâncias psicotrópicas, fundamento jurídico da *guerra contra as drogas*, resultou à coletividade danos maiores que a tutela (dirigida à saúde e incolumidade pública) alcançada, conclui-se ser a criminalização socialmente mais ofensiva que a própria conduta lesiva proscrita.

Da proscrição das drogas, em caráter penal, resultou no incremento do mercado negro criminoso; circulação de drogas inseguras; direcionamento de recursos públicos à repressão, em detrimento da mitigação dos riscos; estigmatização e marginalização dos usuários; insegurança pública; conflitos internacionais; superpopulação carcerária; aumento no número de homicídios *et coetera*.

Ou seja, no intuito de tutelar o interesse público (saúde e incolumidade pública), a *guerra contra as drogas*, por meio de seu fundamento legal, a criminalização das substâncias psicoativas, provoca uma série de danos à coletividade, de forma que os benefícios obtidos são menores que os efeitos colaterais.

Dessa forma, a norma incriminadora das substâncias psicotrópicas não atende ao critério da *menor ofensividade social* sendo, também nesse aspecto, desproporcional e, consequentemente, inconstitucional.

Portanto, a *guerra contra as drogas* e sua manifestação jurídica é inadequada, desnecessária, desproporcional em sentido estrito e socialmente mais ofensiva, não atendendo ao *princípio da proporcionalidade.*

No entanto, descriminalizar as substâncias psicoativas, tanto em relação ao uso, quanto em razão da produção e da comercialização, ou mesmo considerar inconstitucional a proscrição penal das drogas, demanda ponderar acerca da proporcionalidade da medida alternativa. Impõe indagar: a legalização (ou descriminalização) das drogas seria apta a reduzir a demanda, o consumo e os riscos a ela relacionados?

Por óbvio, tanto a legalização ou descriminalização das drogas, quanto a conclusão de inconstitucionalidade da norma penal que as proscreve, devem ter em conta as consequências da liberação. Nesse caso, o juízo de proporcionalidade seria exercido em sede de prognose, a estabelecer medidas idôneas e necessárias à mitigação dos problemas relacionados às drogas, sobretudo no que toca à saúde e incolumidade pública.

Não atenderia ao interesse público, consubstanciado principalmente nos aspectos sanitários e de segurança, simplesmente legalizar ou descriminalizar todas as substâncias psicotrópicas, quanto ao consumo, produção e comercialização, sem a implementação de medidas alternativas eficazes a mitigar substancialmente os riscos que lhe são inerentes. Ou seja, a regulamentação haveria de ser concomitante à liberação.

Nesse aspecto, é razoável afirmar que a Comunidade Internacional e os Estados soberanos têm larga e exitosa experiência em controlar e regulamentar drogas perigosas, sem a necessidade de proscrevê-las ou criminalizá-las. Álcool e tabaco são os exemplos mais enfáticos.

A liberação das drogas, atualmente tidas por ilícitas, deve ser acompanhada de uma série de restrições que, não obstante limitar a liberdade do uso, produção e comercialização, atenderia ao *princípio da proporcionalidade*, tal qual já ocorre com as bebidas alcoólicas e com o fumo.

Quanto ao usuário, o consumo de psicoativos, atualmente ilegais, ficaria restrito aos ambientes privados, adstrito ao recôndito da intimidade, não sendo permitido em locais públicos ou de acesso público. O descumprimento dessa imposição implicaria em infração de natureza administrativa. Com menor rigor e extensão, tal limitação já se impõe ao cigarro.

Não seria permitido desenvolver algumas atividades sob o efeito de substâncias psicotrópicas, como dirigir, trabalhar *et coetera*, cuja infração estaria sujeita às mesmas cominações legais inerentes às bebidas alcoólicas.

No que é pertinente à produção e comercialização, as restrições que se impõem à indústria farmacêutica, de bebidas alcoólicas e do fumo são experiências aptas a conduzir a elaboração de um marco regulatório para os psicoativos.

O controle da composição e pureza das drogas atualmente consideradas ilícitas poderia ter por parâmetro àquela já exercida sobre a indústria farmacêutica. Assim como acontece com o álcool e o tabaco, a venda seria proibida para crianças e adolescentes. E, tal qual o cigarro e alguns medicamentos, a propaganda não seria permitida.

A produção e comercialização não regulamentar seria proibida, como já ocorre com as bebidas alcoólicas, fumo e medicamentos. No entanto, tal qual álcool e cigarro, não seria um problema sério, face ao desestímulo à atividade clandestina provocado pela queda nos preços, decorrente da livre concorrência e da legalização em si, o que afastaria o crime organizado dessa atividade.

Dessa forma, a legalização das substâncias psicoativas atenderia ao *princípio da proporcionalidade* e encerraria a *guerra contra as drogas*, resultando em benefícios para a saúde e incolumidade pública.

BIBLIOGRAFIA

Ávila, Humberto Bergmann. 1999. "A distinção entre princípios e regras e a redefinição do dever de proporcionalidade." *Revista de Direito Administrativo*, 151-179.

Abramovay, Pedro Vieira, e Vera Malaguti Batista. 2010. *Depois do grande encarceramento*. Rio de Janeiro, RJ: Revan.

AgRg REsp 887240. 2007. AgRg REsp 887240 (Superior Tribunal de Justiça, 26 de 04).

Alexy, Robert. 2008. *Teoria dos direitos fundamentais*. Tradução: Virgílio Afonso da Silva. São Paulo: Malheiros.

Alfonso Sanjuan, Mario, e Pilar Ibañez Lopez. 1992. *Todo sobre las drogas legales e ilegales*. Madri: Dykinson.

2007. *American Film Institute*. 20 de 06. Acesso em 13 de 11 de 2016. http://www.afi.com/100years/movies10.aspx.

American Psychiatric Association. 2015. *Manual Diagnóstico e Estatístico de Transtornos Mentais*. 5a. Edição. Tradução: Maria Inês Corrêa Nascimento, Paulo Henrique Machado, Regina Machado Garcez, Régis Pizzato e Sandra Maria Mallmann da Rosa. Porto Alegre: Artmed.

Andrade, Fernando Grostein, Thomaz Souto Correa, Cosmo Feilding-Mellen, Carolina Kotscho, Ricardo Setti, e Ilona Szabo. 2011. *Breaking the Taboo*. Direção: Fernando Grostein Andrade e Cosmo Feilding-Mellen. Produção: Sam Branson. Elenco: Fernando Henrique Cardoso, Jimmy Carter, Bill Clinton, Paulo Coelho, Ruth Dreifuss, Gro Harlem Brundtland, Anthony Papa e Dráuzio Varella.

Andrade, Olavo Hamilton Ayres Freire de. 2016. "Legalizando as drogas: uma abordagem conforme a regulação responsiva." *Revista de Direito Setorial e Regulatório - Journal of Law and Regulation*, 10: 139-160.

Austin, James, e Aaron David McVey. 1989. "The 1989 NCCD prison population forecast: the impact of the war on drugs." National Council on Crime and Delinquency, San Francisco.

Bandeira de Mello, Celso Antônio. 2002. *Curso de Direito Administrativo.* 14. São Paulo: Malheiros.

Barros, Suzana de Toledo. 2003. *O princípio da proporcionalidade e o controle da constitucionalidade das leis restritivas de direitos fundamentais.* 3. Brasília: Brasília Jurídica.

Barroso, Luís Roberto. 2009. *Curso de Direito Constitucional Contemporâneo: os conceitos fundamentais e a construção do novo modelo.* São Paulo: Saraiva.

—. 1999. *Interpretação e aplicação da constituição.* 3. São Paulo: Saraiva.

Batista, Vera Malaguti. 2003. *Difíceis ganhos fáceis: drogas e juventude pobre no Rio de Janeiro.* 2. Rio de Janeiro: Revan.

BBC. 2014. *Mujica legaliza maconha e diz que 'viver é experimentar'.* 07 de 05. Acesso em 20 de 11 de 2016. http://www.bbc.com/portuguese/noticias/2014/05/140507_mujica _entrevista_fl.

Beccaria, Cesare Bonesana. 2001. *Dos delitos e das penas.* Ridendo Castigat Mores.

Beck, François, Romain Guignard, Jean-Baptiste Richard, Jean-Louis Wilquin, e Patrick Peretti-Watel. 2011. "Augmentation récente du tabagisme en France : principaux résultats du Baromètre santé, France, 2010." *Bulletin épidémiologique hebdomadaire*, 31 de 5: 230-233.

Benatte, Antônio Paulo. 2008. "É bicho na cabeça." *Revista História Viva*, 04: 66-70.

Bewley-Taylor, David, e Martin Jelsma. 2011. "La internacionalización de la guerra contra las drogas: las drogas ilícitas como un mal moral y un valioso enemigo." Em *Casus Belli: cómo los Estados Unidos venden la guerra*, por Martin Jelsma, Phyllis Bennis, David Sogge, Mariano Aguirre, Zia Mian, Susan George, Mike Marqusee e Walden Bello, edição: Achin Vanaik, tradução: Beatriz Martínez Ruiz. Amsterdam: Transnational Institute (Kindle).

Bitencourt, Cezar Roberto. 2008. *Tratado de direito penal.* 13. Vol. I. São Paulo: Saraiva.

Boiteux, Luciana. 2017. "Modelos de controle de drogas: mapeando as estratégias de política de drogas em busca de alternativas ao modelo repressivo." Em *Drogas & sociedade contemporânea: perspectivas para além do proibicionismo*, por Regina Figueiredo, Marisa Feffermann e Rubens Adorno, 183-201. São Paulo: Instituto de Saúde.

Bonavides, Paulo. 2004. *Curso de Direito Constitucional*. 15. São Paulo: Malheiros.

Borges, Juliana. 2018. *O que é: encarceramento em massa?* Belo Horizonte: Letramento: Justificando.

Branco, Paulo Gustavo Gonet. 2009. *Juízo de ponderação na jurisdição constitucional*. São Paulo: Saraiva.

Brasil. 1921. *Decreto 4.294*. Estabelece penalidades para os contraventores na venda de cocaina, opio, morphina e seus derivados; crêa um estabelecimento especial para internação dos intoxicados pelo alcool ou substancias venenosas; estabelece as fórmas de processo e julgamento e manda abrir os creditos necessarios.

Brasil. 2004. *Decreto 5.144, de 16 de julho de 2004*. Regulamenta o Código Brasileiro de Aeronáutica, no que concerne às aeronaves hostis ou suspeitas de tráfico de substâncias entorpecentes e drogas afins.

Brasil. 1998. *Lei 9.614, de 5 de março de 1998*. Altera o Código Brasileiro de Aeronáutica, para incluir hipótese destruição de aeronave.

Bruno, Aníbal. 1978. *Direito Penal I. Parte geral: Introdução, norma penal, fato punível*. 3. Vol. I. Rio de Janeiro: Forense.

Canotilho, José Joaquim Gomes. 1994. *Constituição dirigente e vinculação do legislador: contributo para a compreensão das normas constitucionais programáticas*. Coimbra: Coimbra Editora.

—. 1998. *Direito constitucional e teoria da Constituição*. 4. Coimbra: Almedina.

Cardoso, Fernando Henrique. 2011. "Prefácio à edição portuguesa." Em *Política da Droga em Portugal: os benefícios da descriminalização do consumo de drogas*, por Artur Domosławski, tradução: Nuno Portugal Capaz. Warsaw: Open Society Foundations.

Carter, Jimmy. 2011. "Call off the global drug war." *The New York Times*.

Carvalho Netto, Menelick de. 2003. "A hermenêutica constitucional e os desafios postos aos direitos constitucionais." Em *Jurisdição Constitucional e Direitos Fundamentais*, por José Adécio Leite Sampaio. Belo Horizonte: Del Rey.

—. 1998. "A hermenêutica constitucional sob o paradigma do Estado Democrático de Direito." *Notícia do direito brasileiro.*

Carvalho, Ivan Lira de. 1996. "O direito penal como instrumento inibidor da violência." *Revista de Informação Legislativa*, 123-128.

Carvalho, Salo de. 2007. *A política criminal de drogas no Brasil: estudo criminológico e dogmático.* 4. Rio de Janeiro: Lumen Juris.

Castilho, Ela Wiecko Volkmer de. 2007. "Execução da pena privativa de liberdade para mulheres: a urgência de regime especial." *Justitia*, 37-45.

Chaloult, Louis. 1971. "Une nouvelle classification dês drogues tòxicomanogenes." *Revue Toxicomanies*, 371-375.

Cockburn, Alexander, e Jefrey St. Clair. 1998. *Whiteout: The CIA, Drugs & the Press.* London: Verso.

Cohen, Sidney. 1960. "Lysergic Acid Diethylamide: Side Effects and Complications." *Journal of Nervous and Mental Disease*, 01: 30-40.

Comissão Global de Políticas sobre Drogas. 2016. "Avanços na reforma de políticas sobre drogas: uma nova abordagem à descriminalização."

Comissão Global de Políticas sobre Drogas. 2011. "Guerra às Drogas: Relatório da Comissão Global de Políticas sobre Drogas."

Commission of the European Communities. 2009. "A Report on Global Illicit Drug Markets 1998-2007." European Communities, Amsterdam, 69.

Corrêa de Carvalho, José Theodoro. 2007. *Historia de las drogas y de la guerra de su difusión.* 1 de 12. Acesso em 2 de 11 de 2016. http://noticias.juridicas.com/conocimiento/articulos-doctrinales/4340-historia-de-las-drogas-y-de-la-guerra-de-su-difusion/.

Cortes Blanco, Manuel. 2002. "Tabaco: de panacea a epidemia en cinco siglos de historia." *Revista Proyecto Hombre*, 16-21.

Costa, Antônio Maria. 2008. "Making drug control 'fit for purpose': Building on the UNGASS Decade." Report by the Executive Director of the United Nations Office on Drugs and Crime as a contribution to the review of the twentieth special session of the General Assembly, Commission on Narcotic Drugs, Viena.

Courtwright, David T. 2002. *Forces of habit: drugs and the making of the modern world.* 3. Edição: Kindle. Cambridge: Havard University Press.

Cox, James. 2018. *Two Chinese meth dealers sentenced to death on a sports ground in front of 300 schoolkids before being executed.* 28 de 06. Acesso em 02 de 07 de 2018. https://www.thesun.co.uk/news/6644102/china-death-sentence-death-row-meth/.

Cruz, José Ángel Fernández. 2010. "El juicio constitucional de proporcionalidad de las leyes penales: ¿La legitimación democrática como medio para mitigar su inherente irracionalidad?" *Revista de Derecho Universidad Católica del Norte*, 51-99.

Darrow, Clarence. 1922. *Crime: its cause and treatment.* New York: Thomas Y. Crowell.

Davoli, Marina, Roland Simon, e Paul Griffiths. 2010. "Current and future perspectives on harm reduction in the European Union." Em *Harm reduction: evidence, impacts and challenges*, por European Monitoring Centre for Drugs and Drug Addiction EMCDDA, 437-446. Luxembourg: Publications Office of the European Union.

DEPEN. 2016. "Levantamento nacional de informações penitenciárias." INFOPEN - Atualização Junho de 2016, Departamento Penintenciário Nacional, Brasil. Ministério da Justiça e Segurança Pública, Brasília.

D'Evelyn, Thomas. 1986. "Will's collection of columns chronicles his conservatism." *The Sunday Telegraph* H-8.

Dimoulis, Dimitri, e Leonardo Martins. 2011. *Teoria geral dos direitos fundamentais.* 3. São Paulo: Revista dos Tribunais.

Domosławski, Artur. 2011. *Política da Droga em Portugal: os benefícios da descriminalização do consumo de drogas.* Tradução: Nuno Portugal Capaz. Warsaw: Open Society Foundations.

Dreifuss, Ruth. 2016. "Carta da Presidente." Em *Avanços na reforma de políticas sobre drogas: uma nova abordagem à descriminalização*, por Comissão Global de Políticas sobre Drogas. Relatório.

Dufton, Emily. 2006. "The War on Drugs: How President Nixon Tied Addiction to Crime." *The Atlantic.*

Einstein, Albert. 2007. "Some Notes on my American Impressions." Em *The World As I See It*, por Albert Einstein, tradução: Alan Harris, 37-41. San Diego: The Book Tree.

EMCDDA. 2010. *Harm reduction: evidence, impacts and challenges.* Edição: European Monitoring Centre for Drugs and Drug Addiction. Luxembourg: Publications Office of the European Union.

Escohotado, Antonio. 2002. *Historia general de las drogas*. 5. Barcelona: Espasa.

Escudero Moratalla, José Francisco, e Joaquin Frígola Vallina. 1996. "Enfoque criminológico de la drogodependencia y otros conceptos penitenciários." *Cuadernos Jurídicos*, 06. Acesso em 02 de 08 de 2016. http://noticias.juridicas.com/articulos/55-Derecho%20Penal/200108-8551727610152071.html.

European Cities on Drug Policy. 1990. "Frankfurt Resolution." Frankfurt.

Fahey, David M., e Jon S. Miller. 2013. *Alcohol and drugs in North America: a historical encyclopedia*. Vol. 1. 2 vols. Santa Barbara: ABC-CLIO.

Farias, Edilsom Pereira. 2000. *Colisão de direitos*. 2. Porto Alegre: Sergio Antônio Fabris Editor.

Ferrajoli, Luigi. 2006. *Direito e razão: teoria do garantismo penal*. 3. Tradução: Ana Paula Zomer Sica. São Paulo: Revista dos Tribunais.

Ferrajoli, Luigi. 1993. "Per un programma de diritto penale minimo." Em *La riforma del diritto penale: garanzie ed effettività delle tecniche di tutela*, edição: Livio Pepino. Milano: Franco Angeli.

Fischer, Benedikt. 1995. "Drugs, Communities, and "Harm Reduction" in Germany: The New Relevance of "Public Health" Principles in Local Responses." *Journal of Public Health Policy*, 389-411.

Fletcher, Adam, Amador Calafat, Alessandro Pirona, e Deborah Olszewski. 2010. "Young people, recreational drug use and harm reduction." Em *Harm reduction: evidence, impacts and challenges*, por European Monitoring Centre for Drugs and Drug Addiction EMCDDA. Luxembourg: Publications Office of the European Union.

Franco, Alberto Silva. 2007. *Crimes hediondos*. 6. São Paulo: Revista dos Tribunais.

French, Laurence, e Magdaleno Manzanárez. 2004. *NAFTA and neocolonialism: comparative criminal, human and social justice*. Lanham: University Press of America.

Freud, Sigmund. 1884. "Über Coca." *Therapie*, 07: 289-314.

Gerber, Rudolph Joseph. 2004. *Legalizing marijuana: drug policy reform and prohibition politics*. Westport: Greenwood Publishing Group.

Gomes, Mariângela Gama de Magalhães. 2003. *Princípio da Proporcionalidade no Direito Penal*. São Paulo: Revista dos Tribunais.

Gray, Mike. 1998. *Drug crazy: how we got into this mess and how we can get out.* New York: Random House.

Guerra Filho, Willis Santiago. 2002. *A Filosofia do Direito: Aplicada ao Direito Processual e à Teoria da Constituição.* 2. São Paulo: Atlas.

Hagen, Bernard. 2002. *The war on drugs: the Reagan, Bush and Clinton Administracion - a comparative analysis.* New Orleans: University of New Orleans.

Hanson, Glen R., Peter J. Venturelli, e Annette E. Fleckenstein. 2012. *Drugs and society.* 17. New York: Jones&Bartlett.

Harrison Narcotics Tax Act. 1914. Ch. 1, 38 Stat. 785 (17 de 12).

Hassemer, Winfried. 1984. *Fundamentos del Derecho Penal.* Tradução: Francisco Muñoz Conde e Luis Arroyo Sapatero. Barcelona: Bosch.

HC 104339. 2012. HC 104339 (Supremo Tribunal Federal, 06 de 12).

HC 45.232. 1968. HC 45.232 (Supremo Tribunal Federal, 21 de 02).

Heck, Luís Afonso. 1995. *O Tribunal Constitucional Federal e o Desenvolvimento dos Princípios Constitucionais.* Porto Alegra: Sérgio Antonio Fabris Editor.

Herer, Jack. 2010. *The Emperor Wears No Clothes: Hemp and the Marijuana Conspiracy.* 12th Edition. Edição: Leslie Cabarga, Jeannie Herer e Roland A. Duby. Van Nuys: Ah Ha Publishing.

Hill, Catherine. 2013. "Prévention et dépistage des cancers." *Bull Cancer,* 6: 547-554.

Hofmann, Albert. 2005. *LSD My Problem Child: Reflections on Sacred Drugs, Mysticism and Science.* Sarasota: MAPS.

Honório, Káthia Maria, Agnaldo Arroio, e Albérico Borges Ferreira da Silva. 2006. "Aspectos terapêuticos de compostos da planta cannabis sativa." *Química Nova,* março/abril: 318-325.

Hughes, Caitlin Elizabeth, e Alex Stevens. 2010. "What Can We Learn from the Portuguese Decriminalization of Illicit Drugs?" *British Journal of Criminology,* 21 de 07: 999-1022.

Iversen, Leslie L. 2016. *Drugs: a very short introduction.* 2. Oxford: Oxford University Press.

Jakobs, Gunther. 2012. "Direito penal do cidadão e direito penal do inimigo." Em *Direito penal do inimigo: noções e críticas,* por Gunther Jakobs e Manuel Cancio Meliá, edição: Kindle, tradução: André Luís Callegari e Nereu José Giacomolli. Porto Alegre: Livraria do Advogado.

Jannuzzi, Paulo de Martino, Wilmer Lázaro Miranda, e Daniela Santos Gomes Silva. 2009. "Análise multicritério e tomada de decisão em políticas públicas: aspectos metodológicos, aplicativo operacional e aplicações." *Revista Informática Pública*, 69-87.

Jelsma, Martin, Phyllis Bennis, David Sogge, Mariano Aguirre, Zia Mian, Susan George, Mike Marqusee, e Walden Bello. 2011. *Casus Belli: Cómo los Estados Unidos venden la guerra*. Edição: Achin Vanaik. Tradução: Beatriz Martínez Ruiz. Amsterdam: Transnational Institute (Kindle).

Karam, Maria Lúcia. 2009. *Proibições, riscos, danos e enganos: as drogas tornadas ilícitas*. Rio de Janeiro: Lumen Juris.

Killias, Martin, e Marcelo F. Aebi. 2000. "The impact of heroin prescription on heroin markets in Switzerland." *Crime Prevention Studies*, 83-99.

Klotter, Jule. 2001. "War on Drugs." *Townsend Letter for Doctors and Patients*, 07: 59.

Labrousse, Alain. 2011. *Géopolitique des drogues*. 3. Paris: Presses Universitaires de France.

Levitt, Steven D, e Stephen J Dubner. 2005. *Freakonomics: o lado oculto e inesperado de tudo que nos afeta*. Tradução: Regina Lyra. Rio de Janeiro: Elsevier.

Levy, David, e Ricardo L Rodríguez-Buño. 2014. "The potential effects of tobacco control in China: projections from the China SimSmoke simulation model." *BMJ*, 18 de 02.

Lima, Rita de Cássia Cavalcante. 2009. "Uma história das drogas e do seu proibicionismo transnacional: relações Brasil-Estados Unidos e os organismos internacionais." Rio de Janeiro.

Linhares, Paulo Afonso. 2002. *Direitos Fundamentais e Qualidade de Vida*. São Paulo: Iglu.

Machado, Sulamita Crespo Carrilho. 2005. "O direito enquanto instrumento de propagação memética." *Revista Eletrônica de Direito do Centro Universitário Newton Paiva*, 1-45.

Malinowska-Sempruch, Kasia. 2011. "Prefácio." Em *Política da Droga em Portugal: os benefícios da descriminalização do consumo de drogas*, por Artur Domosławski, tradução: Nuno Portugal Capaz. Warsaw: Open Society Foundations.

Malleson, Nicholas. 1971. "Acute Adverse Reactions to LSD in Clinical and Experimental Use in the United Kingdom." *British Journal of Psychiatry*, 229-230.

Marihuana Tax Act. 1937. Public Law 238, 50 Stat. 551 (02 de 08).

McDonald, Tommy. 2018. *Experts React to Trump's Plan to Escalate Drug War and Impose Death Penalty for Drug Offenses.* 19 de 03. Acesso em 2 de 7 de 2018. http://www.drugpolicy.org/press-release/2018/03/experts-react-trumps-plan-escalate-drug-war-and-impose-death-penalty-drug?spMailingID=33693715&spUserID=NTY4MTY1MjA1NjM1S0&spJobID=1243769963&spReportId=MTI0Mzc2OTk2MwS2 .

McGovern, Patrick E, Donald L Glusker, Lawrence J Exner, e Mary M Voigt. 1996. "Neolithic resinated wine." *Nature,* 6 de 6: 480-481.

Mendes, Gilmar Ferreira. 2004. *Direitos fundamentais e controle de constitucionalidade.* 3. São Paulo: Saraiva.

—. 2001. "O princípio da proporcionalidade na jurisprudência do Supremo Tribunal Federal: novas leituras." *Revista Diálogo Jurídico,* 08.

Millar, Tim, Andrew Jones, Michael Donmall, e Malcolm Roxburgh. 2008. "Changes in offending following prescribing treatment for drug misuse." National Treatment Agency for Substance Misuse, London.

Mir Puig, Santiago. 2002. *Derecho penal. Parte General.* 6. Barcelona: Reppertor.

Montesquieu. 1748. *De l'esprit des lois.* Genève.

Nadelmann, Ethan Avram. 1993. *Cops across borders: the internationalization of U.S. criminal law enforcement.* Penn State University Press.

Narcotics Control Act. 1956. ch. 629, 70 Stat. 567

National Commission on Law Observance and Enforcement. 1931. "Report on the Enforcement of the Prohibition Laws of the United States." National Commission on Law Observance and Enforcement, Washington.

National Prohibition Act. 1919. Public Law 66, 66 Stat. 305, 323 (28 de 10).

Netherlands National Drug Monitor. 2011. *NDM Annual Report 2010.* Netherlands Institute of Mental Health and Addiction, Utrecht: Trimbos-instituut.

Niemann, Albert. 1860. "Ueber eine neue organische Base in den Cocablättern." *Archiv der Pharmacie,* 129–155.

Nutt, David. 2012. *Drugs - Without the Hot Air: Minimising the Harms of Legal and Illegal Drugs.* Cambridge: UIT Cambridge Ltd.

Nutt, David, Leslie King, e Lawrence Phillips. 2010. "Drug harms in the UK: a multicriteria decision analysis." *The Lancet*, 1 de November: 1558-1565.

Olmo, Rosa del. 1990. *A face oculta da droga.* Tradução: Teresa Ottoni. Rio de Janeiro: Revan.

ONU. 2007. "Programa de prevenção às drogas e HIV/AIDS." Escritório das Nações Unidas contra Drogas e Crimes (UNODC), Organização das Nações Unidas, Brasília.

Pedra, Anderson Sant'Ana. 2006. *O controle da proporcionalidade dos atos legislativos: a hermenêutica constitucional como instrumento.* Belo Horizonte: Del Rey.

Pizano, Ernesto Samper. 2013. *Drogas: prohibición o legalización.* Edição: iBooks. Debate.

Portugal. 2000. *Lei 030 de 29 de novembro de 2000.* Define o regime jurídico aplicável ao consumo de estupefacientes e substancias psicotrópicas, bem como a proteção sanitária e social das pessoas que consomem tais substancias sem prescrição médica.

Ramos Tavares, André. 2005. *Curso de Direito Constitucional.* São Paulo: Saraiva.

Rehma, Jürgen, Robin Room, Maristela Monteiro, Gerhard Gmel, Kathryn Graham, Nina Rehn, Christopher T. Sempos, e David Jernigan. 2003. "Alcohol as a risk factor for global burden of disease." *European Addiction Research.*

Ribeiro, Maurides de Melo. 2013. *Drogas e redução de danos: os direitos das pessoas que usam drogas.* São Paulo: Saraiva.

Robinson, Matthew B, e Renee G Scherlen. 2007. *Lies, Damned Lies, and Drug War Statistics: A Critical Analysis of Claims Made by the Office of National Drug Control Policy.* New York: State University of New York Press.

Rodrigues, Thiago. 2017. *Política e drogas nas Américas: uma genealogia do narcotráfico.* São Paulo: Desatino.

—. 2017. *Política e drogas nas Américas: uma genealogia do narcotráfico.* São Paulo: Desatino.

Roe v. Wade. 1973. 410 U.S. 113 (Supreme Court of the United States, Washington 22 de 01).

Rowe, Thomas C. 2006. *Federal narcotics laws and the war on drugs: money down a rat hole.* Edição: Kindle. New York: Routledge.

Roxin, Claus. 2016. *El concepto de bien jurídico como instrumento de crítica legislativa sometido a examen: acerca de la ratio del privilegio del desistimiento en derecho penal.* Edição: Kindle. Tradução: Robynson David Cueva. Quito: Ediciones Cueva Carrión.

—. 2001. "Tem futuro o direito penal?" *Revista dos Tribunais,* 08.

Santos Júnior, Rosivaldo Toscano dos. 2016. *A guerra ao crime e os crimes da guerra: uma crítica descolonial às políticas beligerantes no sistema de justiça criminal brasileiro.* Florianópolis: Empório do Direito.

Scheerer, Sebastian. 1993a. "Estabelecendo o controle sobre a cocaína (1910-1920)." Em *Drogas, é legal?: um debate autorizado,* por Francisco Inácio Bastos e Odair Dias Gonçalves, tradução: Francisco Inácio Bastos, 169-194. Rio de Janeiro: Imago.

Seevers, Maurice. 1958. "Drug Addictions." Em *Pharmacology in medicine: a collaborative textbook,* edição: Victor Alexander Drill, 236-252. New York: McGraw-Hill.

Sentencia 55. 1996. (Tribunal Constitucional de España, 28 de 03).

Sentenza 341. 1994. (Corte costituzionale della Repubblica Italiana, 19 de 07).

Sentenza 343. 1993. (Corte costituzionale della Repubblica Italiana, 28 de 07).

Sentenza 409. 1989. (Corte costituzionale della Repubblica Italiana, 18 de 07).

Sentenza 422. 1993. (Corte costituzionale della Repubblica Italiana, 03 de 12).

Silva Júnior, Walter Nunes da. 2015. *Curso de direito processual penal: teoria (constitucional) do processo penal.* 2. Natal: OWL.

Silva, Virgílio Afonso da. 2002. "O proporcional e o razoável." *Revista dos Tribunais,* 04: 23-50.

Siqueira Castro, Carlos Roberto de. 1989. *O devido processo legal e a razoabilidade.* Rio de Janeiro: Forense.

Solem v. Helm. 1983. 463 U.S. 277 (Supreme Court of the United States, 28 de 07).

SS 1320. 1999. (Supremo Tribunal Federal, 14 de 04).

Stöver, Heino. 2013. "Multi-agency approach to drug policy on a local level: 'The Frankfurt Way'. Briefing paper for 2013 International Conference on Drug Policy and Policing (in Open Society Foundation, Frankfurt)." *Open Society Foundation.* 14 de 11. Acesso em 28 de 04 de 2018. https://www.opensocietyfoundations.org/sites/default/files/The_Fr ankfurt_Way.pdf.

Steinmetz, Wilson Antônio. 2001. *Colisão de direitos fundamentais e princípio da proporcionalidade.* Porto Alegre: Livraria do Advogado.

Straight, Benjamin Aaron. 2005. *The two finger diet: how the media has duped women into hating themselves.* Lincoln: iUniverse Inc.

Stumm, Raquel Denize. 1995. *Princípio da proporcionalidade no direito constitucional brasileiro.* Porto Alegre: Livraria do Advogado.

Szasz, Thomas. 2001. *Nuestro derecho a las drogas: en defesa de un mercado libre.* Barcelona: Anagrama.

Tavares, Juarez Estevam Xavier. 2002. *Teoria do injusto penal.* 2a. Edição. Belo Horizonte: Del Rey.

The Drug Policy Alliance. 2017. *A Brief History of the Drug War.* Acesso em 16 de 06 de 2017. http://www.drugpolicy.org/facts/new-solutions-drug-policy/brief-history-drug-war-0.

UNODC. 2015. "World Drug Report 2015." United Nations Office on Drugs and Crime, New York.

UNODC. 2015. "World Drug Report 2015." United Nations Office on Drugs and Crime, United Nations, New York, 162.

Uruguay. 2013. *Ley 19.172.* Marihuana y sus derivados – control y regulación del estado de la importación, producción, adquisición, almacenamiento, comercialización y distribución.

Uruguay. 2015. "VI Encuesta Nacional en Hogares sobre Consumo de Drogas." Junta Nacional de Drogas, Presidencia de la República, Montevideo.

US Constitution. 1791. "Amendment 8."

US Constitution, amend. 18. 1919. (United States Constitution, 16 de 01).

US Constitution, amend. 21. 1933. (United States Constitution, 05 de 12).

US President. 1989. "First National Drug Control Strategy." Washington: The White House, 05 de 09.

van Amsterdam, Jan, Antoon Opperhuizena, Maarten Koeter, e Wim van den Brink. 2010. "Ranking the harm of alcohol, tobacco and illicit drugs for the individual and the population." *European Addiction Research*, 2 de July: 203-207.

Weems v. United States. 1910. 217 U.S. 349 (Supreme Court of the United States, 02 de 05).

Welles, Orson. 1941. *Citizen Kane*. Direção: Orson Welles. Produção: Orson Welles. Elenco: Orson Welles, Joseph Cotten, Dorothy Comingore e Agnes Moorehead.

Werb, Dan, Greg Rowell, Gordon Guyatt, Thomas Kerr, Julio Montaner, e Evan Wood. 2010. "Effect of Drug Law Enforcement on Drug-related Violence: Evidence from a Scientific Review." International Centre for Science in Drug Policy, Vancouver.

WHO. 1981. *5th Review of psychoactive substances for international control*. World Health Organization, Geneva: WHO Press.

WHO. 2014. *Global status report on alcohol and health*. World Health Organization, Geneva: WHO Press.

WHO. 2011. *WHO report on the global tobacco epidemic, 2011: warning about the dangers of tobacco*. World Health Organization, Geneva: WHO Press.

WHO. 2015. *WHO report on the global tobacco epidemic, 2015: raising taxes on tobacco*. World Health Organization, Geneva: WHO Press.

WHO, UNODC, e UNAIDS. 2012. *WHO, UNODC, UNAIDS technical guide for countries to set targets for universal access to HIV prevention, treatment and care for injecting drug users – 2012 revision*. World Health Organization; United Nations Of ce on Drugs and Crime; United Nations Programme on HIV/AIDS, Geneva: WHO Press.

Will, George Frederick. 2009. "A reality check on drug use." *Washington Post*.

Woodiwiss, Michael. 2005. *Gangster Capitalism: The United States and the Globalization of Organized Crime*. New York: Carroll & Graf Publisher.

Yacobucci, Guillermo. 2002. *El sentido de los principios penales*. Buenos Aires: Editorial Ábaco de Rodolfo Depalma.

Zaffaroni, Eugenio Raúl. 1991. *Em busca das penas perdidas: a perda da legitimidade do sistema penal*. Rio de Janeiro: Revan.

www.ingramcontent.com/pod-product-compliance
Lightning Source LLC
Chambersburg PA
CBHW060834170526
45158CB00001B/165